创新创业实训系列教材

工业品创业实训手册

主　编　张　锦　朱思因
副主编　梁海霞　唐浩鑫

电子工业出版社·

Publishing House of Electronics Industry

北京·BEIJING

内 容 简 介

本书通过对工业品领域典型创业项目的剖析，为创业者提供相应的工具和方法，使其了解工业品创业的特点，明晰工业品创业的基本思路，并通过真实的项目训练，提升工业品领域中创业者的创业能力。

本书包括 7 个任务，均围绕"三润电子"这家真实的工业品创业型企业展开，分别从用户、产品、竞品、商业模式等方面详细拆解了工业品创业过程中的典型工作任务和关键环节，依托真实案例，辅以知识输入，帮助创业者形成较为清晰的工业品创业思维，掌握创业管理工具和方法，最终厘清创业脉络并提升创业实战能力。

本书按照创业步骤，层层递进地设计学习任务，通过案例解析与项目训练，深入浅出地引导创业者进行学习，结合活页式教材的特点，突出实战应用价值。本书主要适合作为工科类创业教育课程的教材，或者作为以产品为导向的科技创业者的创新与创业实践的参考书。

图书在版编目（CIP）数据

工业品创业实训手册 / 张锦，朱思因主编. —北京：电子工业出版社，2022.4

ISBN 978-7-121-43334-4

Ⅰ. ①工… Ⅱ. ①张… ②朱… Ⅲ. ①大学生－职业选择－高等职业教育－教材 Ⅳ. ①G647.38

中国版本图书馆 CIP 数据核字（2022）第 069999 号

责任编辑：李　静　　　　　特约编辑：田学清
印　　刷：天津画中画印刷有限公司
装　　订：天津画中画印刷有限公司
出版发行：电子工业出版社
　　　　　北京市海淀区万寿路 173 信箱　　邮编：100036
开　　本：787×1092　　1/16　　印张：6.5　　字数：167 千字
版　　次：2022 年 4 月第 1 版
印　　次：2022 年 4 月第 1 次印刷
定　　价：35.00 元

前言

本系列教材开发团队选择本土的 3 个真实创业项目开发教材（消费品创业实训手册 1 本，工业品创业实训手册 1 本，公益创新与社会创业实训手册 1 本）。所有实训项目和创业项目的真实情境一一对应，创始人深度参与系列教材的开发，真正体现了校企合作与产教融合。

本系列教材遵循"做中学"的教育理念进行教学设计，在编排体例上有如下特点。

1. 新型活页式教材。教材按照创业过程六大核心步骤选取核心知识点与实训点，针对每个实训点提供对应的核心知识和具体分析工具，学员按照项目实训步骤展开训练，利用分析工具辅助完成项目实训，获得能力的提升。

2. 思创融合。教材根据典型创业案例进行编写，创始人全程参与教材的开发。教材内容融入爱国、敬业、诚信、法治等社会主义核心价值观，引入"工匠精神"等思政元素，通过对相关案例进行解读，扩展学员的知识面，引导学员进行思考，为自主训练提供知识输入。

3. 结构清晰。教材提供全书知识导图，展示所有知识点及其相互关系，任务实训与知识点一一对应，通过科学合理的考核检验学员的学习成果。

本教材由张锦、朱思因担任主编，梁海霞、唐浩鑫担任副主编。本教材编写团队成员还有：胡宝翠、卢淑婷、严文琪、李佳蔚和崔莹，他们参与撰写了任务三至任务七的部分内容。本教材由广东科学技术职业学院资助出版，得到了致力于创新创业教育研究的杜海东教授的鼓励和推动。本教材能够顺利出版得益于国家高新企业"三润电子"的创始人庞宏先生的鼎力支持，他是一位以技术创新为导向的创业型企业家。本教材开发团队的成员还拜访了数十位创业者和企业家，感谢他们对创新创业教育工作的帮助与扶持！由于编写团队关于开展工业品创业教育的经验尚不充足，理论与实践技能有限，书中难免存在不足之处，希望得到行业专家与读者的指正。最后，特别感谢电子工业出版社李静老师为本教材的编写和出版所提供的宝贵建议。

目录

前奏

1. 要完成的学习任务

在课堂上学到了知识并不能完全代表你就拥有了相应的技能。能否把创业知识转化成创业技能，有赖于实训经验的积累。本教材以"4～6 名学员为一个团队进行真实的项目化实训和见习"为背景进行创作。只要用心并跟随实践任务的指引，你会在启动商业项目的六项关键技能的转化方面有明显的收获。

（1）实训项目学习任务

创业实训和见习的每个项目的核心学习任务都是一致的，可以使学员在以下六项技能方面得到锻炼。

- 分析产品的顾客价值。
- 判断市场规模并获取种子用户。
- 从竞品中突围。
- 创新商业模式。
- 进行增长性指标预测和资源整合。
- 进行有针对性的团队建设。

（2）学习周期

创业实训与创业实践交替进行，是一种理想化的学习选择，在实际的教学实施过程中，相关人员也可根据实际情况进行适当的调整。本实训项目的实训周期为 3 周，第 4

周属于延伸性安排，可纳入创业见习。

创业项目实训+创业见习 交替进行															
教学时间	第1周					第2周					第3周					第4周
	1	2	3	4	5	1	2	3	4	5	1	2	3	4	5	
教学安排	创业实训 项目化教学 （初步讨论）					创业见习 项目及岗位认知 （创始人分享）					创业实训 项目化教学 （方案提升）					创业实践 技术创新与 运营管理体验
每个项目实训和见习周期为一个月 （见习部分也可以根据学员的实际需要在第4周后进一步延长）															

2. 项目的本土化选择

创业能力是综合性的，即便是进行针对性的企业见习，也很难在短时间内提升这种综合性的能力。创业见习必须和创业实训紧密衔接，学员进行了真实的项目化实训理论学习后，再到创业型企业中见习，进而能够对所学知识有深刻的理解并提升创业能力。同样，匹配了实地见习的实训教学，更容易增加学员的代入感，引发学员的兴趣和共鸣。出于这种操作层面的考虑，创业实训和见习项目必须是本土化的。

本书开发小组经多次头脑风暴，探访珠海创业型企业，选择了三个珠海本土化创业项目，其中商业创业两项（消费品一项，工业品一项），公益创业1项。这是相对具有代表性的一种组合，学员可以有针对性地训练三种不同类型的创业能力。

（1）每日美妆

盈信资本领投海归创业项目；商业创业消费品类。

见习单位——珠海横琴每日美妆有限公司

（2）智慧城市安防

2016中国创新创业大赛国赛获奖作品；商业创业工业品类。

见习单位——珠海三润电子有限公司（国家高新技术企业）

（3）公益创业项目

中国社会企业典型代表；公益创业服务类。

案例——上海聚善助残公益发展中心华南运营中心

正在进行的珠海市海归博士创业项目，会在未来成为珠海市创业实训和见习体系的重要项目来源，已列入下一步的开发计划。

项目

面对 B 端用户的工业品类智能安防

项目介绍

CPS 中安网联合大华技术股份有限公司共同发布《2020 中国安防行业调查报告》，该报告显示，2020 年国内安防产品总产值为 8510 亿元，尽管受到疫情影响，但国内安防产品总产值仍然比上一年增长了 3%。其中安防工程产值约为 5100 亿元，安防产品产值约为 2600 亿元，运维和服务市场的产值约为 810 亿元。整个安防行业以"铁肩"担负起为防疫做贡献的重担，安防企业以最快的速度研制出了红外测温安检门等新产品，为疫情防控提供了强有力的技术保障。安防产品在各行业应用中占比前五名的有：平安城市（24%），智能交通（18%），智能楼宇（16%），文教卫系统（13%），金融行业（12%）。其中平安城市与智能交通仍然是热门领域。

珠海三润电子有限公司（如图 0-1）成立于 2005 年，创始人庞宏是一个持续型创业者，珠海三润电子有限公司是他的第三个创业作品。庞宏在一个偶然的机会中接触到了楼宇对讲系统，便对安防产品产生了浓厚的兴趣，像很多制造业企业家一样，他开始模仿行业内企业的产品，开始了珠海三润电子有限公司的创业历程。珠海三润电子有限公司，从最初的楼宇对讲单一产品发展到今天的"楼宇-银行-平安城市"三个产品事业部；从最初的整机组装发展到今天的原件设计制造商。如今，三润电子已经发展为安防行业中的国家高新技术企业。公司现有研发、生产、销售、技术服务、国际业务五个核心部门，其主打产品——平安城市智能报警柱正在为很多学校、景区等的安全保驾护航。

2017 年，国家正式下发《关于加强中小学幼儿园安全风险防控体系建设的意见》，2018 年广东省出台《广东省加强中小学幼儿园安全风险防控体系建设的实施意见》，随后各市也纷纷出台了安全风险防控制度文件，均将学校安全作为公共安全和社会治安综合治理的重要内容，国家和省、市的政策消息为安防产品的进一步发展奠定了基础。智能报警柱作为珠海三润电子有限公司在安防产品领域的主打产品，如何进行新一轮的创业拓展？我们将以此为背景，开展工业品创业项目的实训。

图 0-1

任务一　目标用户分析

　　安防行业涉及的产品类别和用户范围非常广泛，为便于进行项目实训，我们以智能报警柱（如图 1-1）这一安防工业品为载体开展工业品项目创业实训。

图 1-1

　　好的产品、好的团队，遇到一个糟糕的市场，创业最终一定会失败。对于一个不成熟的潜在市场，产品培育和等待时机的成本极其高昂，除非你有足够的风险投资不停地进入；如果市场的行业前景已经黯淡，这时，你开发产品进行创业，失败的概率会很大。尤其对于工业品创业来说，产品功能的开发要实现"产品-市场"的精准契合。

操作 1．观察行业前景

　　智能报警柱是应公共安防需要而产生的工业品，企业在准备进入安防行业的时候，首先要观察安防行业的前景并了解智能报警柱用户的需求特征，可以利用互联网、向专家请教等方式观察安防行业的前景，并了解智能报警柱用户的需求特征，将其填写在下表中。

安防行业的前景与智能报警柱用户的需求特征，如表 1-1 所示。

表 1-1

步　　骤	行业前景 （数据获取渠道：国家统计局、行业协会、行业网站、行业报告、业内专家）
第一步 观察行业产品总值的增速变化	结果性描述： （参考点：增速平稳，往往代表有进一步发展的空间；增速减缓，很可能是行业趋向成熟）
第二步 观察是否出现新的细分市场	结果性描述： （参考点：哪怕市场的规模很小，也有可能成长为一个很大的品类市场）
第三步 观察政策是否利好	结果性描述： （参考点：政策对于工业品行业的影响很大，政府采购是一个很大的市场）
第四步 分析明星企业的经营业绩	结果性描述： （参考点：明星企业的经营业绩一般更能体现一个行业的发展势头）

操作 2. 理解用户需求

在工业品领域中新创公司的出现，很多是由于其创始人团队发现了一个还不错的成长型市场，且该市场内尚未出现处于绝对垄断地位的企业，创始人团队就照搬现有的商业模式、了解目标用户的需求、模仿行业内成熟企业的产品来开办一家新企业。通常来说，如果团队执行力好，创业成功的可能性就很大。但是以这样的方式进入市场，新创企业的相关人员更需要深刻理解用户需求，从而在某一关键点上改善产品功能或完善服务，形成差异化竞争优势，赢得一部分用户的认同。请根据表 1-2 中的内容，将你理解的用户需求写下来。

产品剖析与用户需求分解步骤如表 1-2 所示。

表 1-2

步　　骤	行业前景 实践结果
第一步 剖析行业内主流产品的功能和服务	结果性描述： （参考点：观察行业内主要龙头企业的智能报警柱产品的功能和现有支持服务，找出其薄弱点）
第二步 与目标用户进行交流，了解他们对正在使用的产品的印象	结果性描述： （参考点：选取几个典型用户，与其进行交流，了解他们对正在使用的智能报警柱的功能和服务的评价）
第三步 验证你准备解决的问题是否是目标用户所关注的问题	结果性描述： （参考点：综合第一步和第二步，看看你找到的"薄弱点"是否是目标用户真正在意的；同样，看看目标用户在意的这部分需求是否在你的"薄弱点"清单中）
第四步 验证目标用户是否愿意为你的解决方案买单	结果性描述： （参考点：有时用户说，这样做很好，但如果让用户增加支出，他就会说，那还是算了吧。对于工业品，用户关注的是，是否解决了其真正的痛点，是否有性价比优势和品牌保障）

知识卡片

　　整体需求趋势：未来的公共安防系统建设，不再仅仅只是零散的安装几个清晰度并不高的监控摄像头，而是需要建设以智能联网监控为中心的一整套不仅能事后取证，还能进行实时反馈的综合性安防系统。

　　如果是以某一项独特的应用技术进入空白市场，或颠覆现有产品，那么，在上述操作中可直接进入到第三步和第四步，然后进行反复验证。

操作 3. 用户细分

不同行业、不同领域中的工业品的用户需求存在很大差别，深刻理解用户需求和用户细分通常是同时进行的，针对不同的细分用户群体，企业的产品开发和销售渠道都会有所区别，找到最有价值的用户的方法也不相同。工业品的用户细分至少有三个重要作用。

① 为设计不同的产品和服务组合，提供依据。

② 针对不同行业的用户需求，制定不同的销售渠道等营销策略。

③ 找到种子用户，迅速达成销售范例并形成客户例证。

工业品用户细分步骤如表 1-3 所示，请根据工业品用户细分的步骤，将你的用户细分情况填写在表 1-3 中。

表 1-3

步　骤	用户细分结果
第一步	结果性描述： （参考点：对原始用户群进行分类，内部共性大、外部差异大，易于通过不同营销计划区别对待）
第二步	结果性描述： （参考点：找出最有价值的细分用户群）
第三步	结果性描述： （参考点：进一步对最具有价值的细分用户群进行细分，找出重点潜在用户）
谁是你的种子用户： （种子用户一般满足三个条件：有使用需求、有支付能力、有购买欲望）	

操作 4. 影响购买决策的关键因素分析

在与同类产品进行比较后，用户为什么会购买你的产品？影响用户购买决策的因素都有哪些？表 1-4 中的分析有助于你深入了解用户需求。

影响用户购买决策的关键因素分析，如表 1-4 所示。

表 1-4

非价格购买因素	具体考察点
产品核心功能的表现	响应速度： 质量稳定性： ……
服务表现	及时交付： 专业性： ……
经济表现	付款方式： 金融服务： ……

工业品销售人员常常遇到以下情况：有的时候拜访客户很多次也无法达成销售；有的时候拜访客户两三次就达成了销售。可以看出，在工业品的开发和销售过程中，选对客户非常关键。专业市场调查公司的相关数据显示：在第一年从事销售的人员中，其80%的失败是因为对潜在用户的搜索不到位。在工业品销售中，我们所提到的关于潜在用户的搜索不仅指获得用户清单及其联系方式、地址这些简单的基本信息，更多的是指搜索到一个合格的潜在用户。谁是我们的潜在客户？我们如何获取潜在用户？表 1-5 中有几种常用的获取潜在客户的方法。

获取潜在客户的方法如表 1-5 所示。

表 1-5

获取潜在用户的方法	实 践 方 法
方法一：找到引路人 （在行业里有良好声誉、人脉较广，对行业技术和市场有深刻认识的专业人士）	课堂分享
方法二：参加行业展会 （经常参加展会是一种获得潜在客户的好方法）	网上搜索，进一步讨论参展注意要点
方法三：寻找非竞争销售人员 （非竞争销售人员销售其他产品时为你带来的潜在用户，即该销售人员与你有同样的用户方向，但其所销售的产品与你销售的产品不冲突）	以智能报警柱为例，试着找到一个非竞争销售人员，然后进行课堂分享
方法四：网络搜索+电话销售 （通过网络发布产品信息，进而让潜在客户能够搜索到有价值的信息）	进行网络搜索，分析三润智能报警柱的"网络信息发布情况"
方法五：借助专业渠道 （包括行业期刊、专业杂志、行业会议）	选择性训练
方法六：客户推荐 （通常发生销售行为后，对产品满意的客户有可能成为你的"销售帮手"，将产品推荐给他的同行）	选择性训练

知识卡片

衡量现有用户是否合格的"MAN"标准：

Money：具有购买能力；

Authority：具有购买决定权；

Need：具有较为迫切的购买需求。

操作 5. 市场推广策略

确定了潜在的目标用户后，我们需要针对潜在的目标用户进行营销推广。

对于工业品销售来说，购买者的特征不同决定了产品品牌建立的途径不同，这与消费品的品牌建立有很大差异。知名用户的选择，对产品来说是一种背书，对建立品牌知名度的帮助很大。三润智能报警柱应该怎样打开市场？请根据表 1-6 中的策略类型进行填写。

三润智能报警柱的推广策略如表 1-6 所示。

表 1-6

策 略 类 型	参 考 要 点
结成战略联盟 （低价通过产业链下游有实力的集成商①打开市场）	（行业内有哪些大型集成商）
召开产品发布会	（产品发布通告、企业形象发布、媒体邀约、潜在用户邀约）
进行人员推销	（团队建设、销售激励、销售培训）
寻找专业渠道 （专业期刊、网站、展会）	（找一个专业渠道，结合三润智能报警柱，了解安防产品是如何在这一渠道中进行推广的）
其他	
可以同时使用上述四种类型的策略，综合比较之后，形成一个较为完整的营销推广组合	

---

① 集成商是指能为客户提供系统集成产品与服务的专业机构，通常为法人企业或企业联盟。系统集成具体指一个组织机构内的设备和信息的集成，并通过完整的系统来实现对应用的支持。系统集成包括设备系统集成和应用系统集成。因此，系统集成商也分为设备系统集成商和应用系统集成商，设备系统集成商又称为硬件系统集成商或弱电集成商。设备系统集成商还能进一步细分为智能建筑系统集成商、计算机网络系统集成商和安防系统集成商。系统集成商需要有住房和城乡建设部、工业和信息化部、公安部颁发的专业资质。另外，系统集成商必须拥有集成领域的主要厂商的技术、产品与应用方案，因此系统集成商也需要获得厂商的技术工程师认证和集成商资格认证。

任务二　产品与服务设计

初创企业在创业前景极端不确定的情况下开发新产品或新服务，大多数管理工具和预测工具起到的作用非常有限，创业者要在开发新产品或新服务的过程中不断地调整原有的计划，原有的计划也只能是行动的指导大纲。因此，下面的实践训练提供的仅是一种框架性的思路。成功的创业者需要具备很强的学习能力，能够根据实际情况及时调整原有的计划。

新产品导入流程如图 2-1 所示。

形成概念 → 产品开发 → 内外部测试 → 功能定制 → 产品结构优化

图 2-1

操作 1．形成产品概念

新产品概念形成的过程，就是把初步的产品构思转化为详细的产品概念的过程。任何一种产品构思都可转化为几种产品概念。一般通过对以下三个问题的回答可形成不同的新产品概念。

问题一．谁使用该产品？

问题二．该产品提供的主要利益是什么？

问题三．该产品适用于哪些场合？

通过对上述三个问题的讨论，将形成的产品概念填写在表 2-1 中。

产品概念设计和分解如表 2-1 所示。

表 2-1

智能报警柱设计概念	案例启发（以空气净化器为例）
概念 1	概念 1 一种家庭空气净化器，为保持室内空气清新而准备
概念 2	概念 2 一种专门为保持火车、汽车、轮船及飞机内空气清新而设计的空气净化器
概念 3	概念 3 专供医院使用的空气净化器，主要用于杀菌

操作 2. 产品开发

综合用户需求、竞争产品和自身资源条件，进行产品概念筛选，确定最终的产品概念，进入产品开发阶段。请根据你的思考填写表 2-2。

产品概念筛选与确定步骤如表 2-2 所示。

表 2-2

步　骤	确定关键点
设计方案，编制开发任务书	核心功能 （营销人员负责确定客户群体，以便技术部门确定产品的最终特征和功能） 人员安排 时间进度 经费预算
实体设计试制	关键组件（实现核心功能的组件）工艺流程。 市场营销人员和研发人员充分沟通，确保"技术-市场"精准匹配
对样机外观、色彩进行验证	样机是否准确地实现了产品概念。 行业专家与潜在用户对样机的评价如何

操作 3. 内部测试和外部测试

对于上述训练，我们可以结合三润智能报警柱的产品开发进行了解。在工业品创业过程中，当我们在找到用户痛点的时候，先不要急着去做产品规划，而是要针对这个"痛点"建立最小的产品形态，先看看我们的产品是不是真正能够解决用户的这个"痛点"，用最小的"代价"去做个"实验"，这样才是明智的选择。表 2-3 提供了这样一种测试思路，样机验证完成，经过进一步优化后进入内部测试和外部测试。

工业品开发内部测试和外部测试的关键点如表 2-3 所示。

表 2-3

测 试 类 别	关 键 点
内部测试	性能测试 可靠性测试 工艺流程优化
外部测试	是否满足用户的需求。 与同类产品比较明显的优势与不足之处。 便利性测试

知识卡片

在测试阶段其他部门同步进行的工作：

团队负责人负责开始推广产品和寻找新的投资；

营销部门设计销售演示材料；

生产部门培训技师、优化生产流程、提高产品质量。

操作 4．服务设计（围绕智能报警柱进行服务设计）

工业品制造和销售通常都伴随着系统的售前、售中和售后服务。商家的服务承诺可以消除用户的很多疑虑和担心，增加他们对产品的信心。服务除了支撑销售的完成，也可能成为公司收入的新来源，在本书后续的内容中，会对这个问题进行进一步探讨。

工业品服务全流程如图 2-2 所示。

图 2-2

工业品品牌建设对大众传媒的依赖较少，工业品业务发生的过程其实就是销售与服务的过程。将服务做到位，用户的体验好，自然就能建立良好的品牌形象，并拥有良好的口碑，请在表 2-4 的指引下进行三润电子智能报警柱的服务设计。

服务体验设计关键点如表 2-4 所示。

表 2-4

步　　骤	关　键　点
服务承诺	承诺范围：售前、售中、售后所有环节 承诺保障：服务团队、相应资源 承诺事项：服务标准、服务流程及内容
售前服务 （服务手册）	专业咨询： 考察接待： 详细资料： 功能定制：
售中服务 （服务手册）	安装调试：根据相关标准对设备进行调整 用户使用培训： 保养说明：
售后服务 （服务手册）	故障检修： 软硬件升级： 用户维护：建立用户档案
服务评价	内部评价： 用户评价： （服务质量、服务态度、反馈速度）

知识卡片

提升客户满意度有两种方法：提升可感知的服务的质量、管理用户期望值。服务设计的每一个环节，都需考虑细节，如考虑专业形象的展示、关注用户的感受等。

服务承诺并不是越多越好，服务质量的评价标准是"客户满意度"。客户期望值受到服务承诺和行业水平等因素的影响，过高的服务承诺可能会降低客户满意度。

操作 5．功能定制和服务拓展

功能定制和服务拓展是用户感知价值产生的主要途径。功能定制能满足不同用户的多种需求，有助于工业品制造企业获得更多的客户。服务拓展有助于工业品制造企业与用户建立紧密的联系，从而获得更多的订单。很多工业品制造企业都拥有不同程度的定制业务，这些定制业务大致分为两类：一是量身定制（完全基于用户的个性化需求进行工业品的设计制造，通常这类工业品的成本也会高一些）；二是标准化定制（关键组件和核心功能标准化，根据不同用户需求采取部分功能定制策略，通常这类工业品的成本会低一些）。

在相互关联的新需求中，现有产品的配套品或互补品比较容易确定，难点在于发觉和提供延伸服务。

功能定制与服务拓展实训点如表 2-5 所示。

表 2-5

项　　目	讨　论　点
功能定制	结合前面的用户细分，讨论智能报警柱适合采用何种定制策略
服务拓展	有无可能创新服务的内容，衍生新的业务，增加新的利润点，同时增加用户黏性

操作 6．产品结构优化

从一款主打产品起步，在工业品领域进行创业，珠海三润电子有限公司一步一步增加安防产品的种类。同时，从早期的整机组装销售到元器件研发及软件开发，珠海三润电子有限公司逐渐向安防原件设计制造商（ODM）方向发展，在服务端也可能发展成为安防系统集成商，不但为用户提供安防产品，更为用户提供安防解决方案。创业型企业的业务和产品种类增多的时候，就需要留意产品结构优化的问题。

在进行产品结构优化前，可以使用波士顿矩阵对公司现有产品进行初步的判断。将公司现有产品分别填入矩阵并采取相应的策略进行优化。

波士顿矩阵如图 2-3 所示。

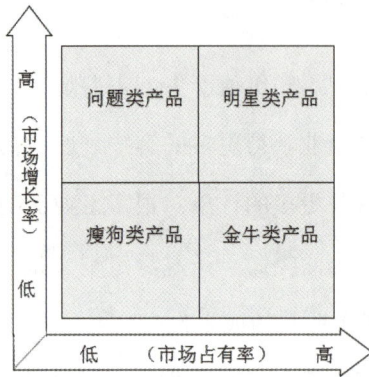

图 2-3

这里对波士顿矩阵的使用方法不进行详细说明，因为创业者在创业初期很少使用到它。在创业者后续的创业过程中，若有进一步学习的需要，可以自行查阅相关资料。

任务三　竞品对比分析

技术型小微企业更容易受到同质化竞争的威胁。在信息泛滥、产品快速更新迭代的今天，产品被模仿、被超越的速度越来越快，因此，技术型小微企业更要关注竞争对手，充分做好竞争分析。竞品分析一般分为三步：找到竞争对手—进行情报分析—形成分析说明。在工业品领域中，搜集信息的方式要简单得多，你可以通过以下三种方法来搜集信息：①参加行业展会；②进行网络搜索；③在拜访客户时开展小调查。当收集到大量竞品信息后，我们可以通过内部确定法和客户确定法将信息进行归类和汇总，从而找出竞品。我们将通过以下训练来体验竞品分析过程。

竞品分析过程如图 3-1 所示。

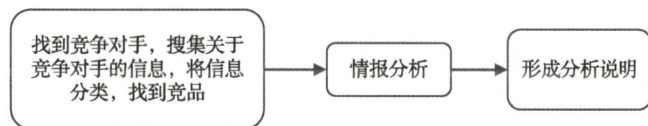

图 3-1

操作 1．搜集关于竞争对手的信息

（1）参加行业展会，收集关于竞争对手的信息

几乎在每个行业内都有几个比较知名的行业展会，这些展会在每年固定的时间举办，行业中大多数同类产品的生产商、供应商和采购商都会参展。与互联网的出现给消费品市场带来的颠覆性改变相比，工业品市场相对传统，参加行业展会既是一种营销宣传的手段，也是技术型企业寻找竞争对手最有效的方法之一。

通过参加展会寻找竞争对手，主要有以下几个步骤。

① 根据展会侧重点及参展商数量，确定参加哪个展会，准备参展资料。

② 准备竞争对手调查表，用于在参展时搜集与竞争对手相关的信息。

③ 在参展时大量搜集同类商家的宣传资料。

④ 总结分析，找出你的直接竞争对手和潜在竞争对手。

智能报警柱项目属于安防行业，请回顾前文，填写表 3-1。

表 3-1

行 业 展 会	1. _____展，特点：_____； 2. _____展，特点：_____； 3. _____展，特点：_____；	本项目适合参加这些展会的理由
竞争对手调查表	1. 产品名称 7. 2. 8. 3. 9. 4. 10. 5. 11. 6. 12.	

（2）通过网络搜索竞品信息

通过网络搜索竞品信息主要有三个方法：一是通过百度搜索产品关键词，在搜索结果页面中排名靠前且显示"广告"或"推广"字样的产品网站，其背后的企业将是我们的直接竞争对手；二是在 B2B 形式的以批发为业务内容的网站（如 1688）中搜索产品，这些和我们的产品拥有同样或相似名称或功能的产品，其背后的企业也是我们的直接竞争对手；三是在专业网站中进行搜索，如安防网就是安防行业的专业网站，在专业网站中搜索产品关键词，在结果页面中展示的相同或相似的产品，其背后的企业也将是我们的直接竞争对手。在实践中，利用这三种方法，将搜索结果罗列出来，在搜索结果中重复率高的产品，往往与我们的产品的相似度较高，其直接竞争力较强。

网络搜索关键词的选择往往有两个方向，一是产品名称，二是产品的主要功能。下面仅用"报警柱"作为关键词，用网络搜索的方法尝试为珠海三润电子有限公司找出竞争对手，并填写在表 3-2 中。

网络搜索"报警柱"找出竞争对手的分析结果如表 3-2 所示。

表 3-2

百度搜索结果	1. 2. 3.
淘宝搜索结果	1. 2. 3.
慧聪网搜索结果	1. 2. 3.

（3）通过与客户沟通收集竞品信息

在工业品销售环节中，营销人员往往在与客户的互动、沟通中也能发现竞争对手。在实践中，营销人员拜访客户并与之进行沟通时，客户提到的、口碑比较好的产品，其背后的企业往往是我们的直接竞争对手。本实训手册仅将此方案提出来，目的是提醒学习者注意，在实际工作中，我们还需要通过有计划的客户访谈与客户拜访收集关于竞争对手的信息并进行汇总。

操作 2. 信息分类，找出竞品

（1）内部确定法

这是一种基于网络信息和企业内部数据分析和识别竞品的方法。内部确定法可用于分析通过行业展会和网络搜索所搜集的信息。将信息按照两个指标——产品相似度和竞争威胁性进行归类。将产品相似度分为"高""低"两种情况，将竞争威胁性分为"强""弱"两种状态，再根据信息归属就能组合出四种不同的竞争者类型。

通过产品相似度和竞争威胁性进行竞争者的归类，如图 3-2 所示。

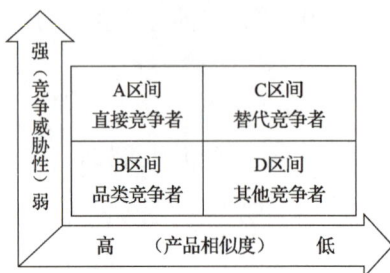

强（竞争威胁性）弱

| A区间 直接竞争者 | C区间 替代竞争者 |
| B区间 品类竞争者 | D区间 其他竞争者 |

高　（产品相似度）　低

图 3-2

在图 3-2 中处于 A 区间的产品，产品相似度高，竞争威胁性强，这些产品属于直接竞争者；处于 B 区间的产品，虽然产品相似度高，但竞争威胁性较弱，这些产品属于品类竞争者；处于 C 区间的产品，虽然产品相似度低，但竞争威胁性强，这些产品很有可能直接替代我们的产品，属于替代竞争者；处于 D 区间的产品，产品相似度较低，竞争威胁性也较弱，一般来说，暂时可以不把这个区间的产品作为竞争者对待，但从竞争分析的角度来看，我们对这些产品也是需要关注的，因为其随时有可能变为新的竞争者。

请根据你在操作 1 中所收集的信息，尝试为三润智能报警柱归类并识别其竞争对手及竞品所处区间。

三润智能报警柱竞争者归类分析，如图 3-3 所示。

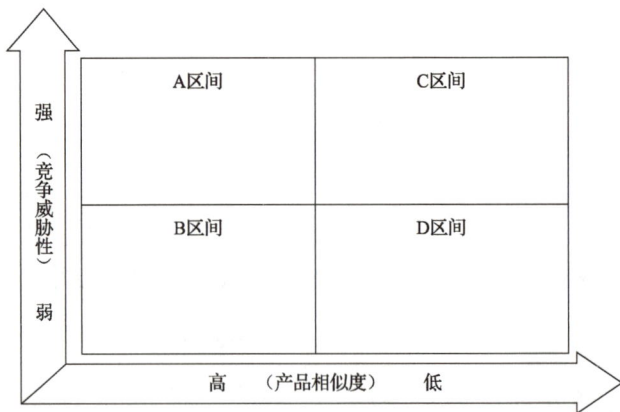

强（竞争威胁性）弱

| A区间 | C区间 |
| B区间 | D区间 |

高　（产品相似度）　低

图 3-3

（2）客户确定法

如果竞争对手的信息来源于客户，那么我们也可以采用客户确定法来识别竞争对手，这里所采用的指标是"特征属性"和"购买意愿"，特征属性分为"多""少"两种情况，购买意愿分为"强""弱"两种状态，这样也能够组合出四种不同的竞争者类型。

通过特征属性和购买意愿进行竞争者四分法归类，如图 3-4 所示。

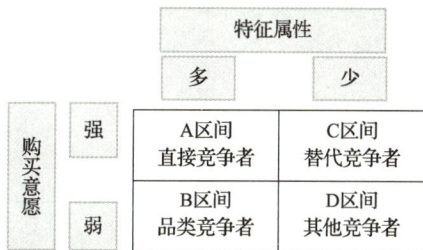

图 3-4

当然，除了上述两种分析方法，还有一种基于客户购买行为进行分析的方法，这种方法更为准确，但是所需的成本和时间也最多，并且还需要一个很强大的数据系统来支撑分析过程，对于国内大部分企业来说，使用这种方法不太现实。因此，本书就不详细对其进行介绍了，有兴趣的读者可以找一些这方面的资料了解一下。

操作 3．情报分析

进行竞品分析是为了"知己知彼"，使我们更好地进行产品设计与营销，但创业型企业获取的信息往往是碎片化的，因此需要运用管理工具进行情报分析。开展情报分析主要有两个步骤：一是将所获取的信息进行分类、汇总和精炼；二是运用行业吸引力矩阵等管理工具来分析竞品的优势和劣势，评估竞品的威胁性。

在进行情报分析之前，还有两个问题需要说明。一是关于竞争者的选择。在操作 2 中，我们将竞争者初步分为四个类型，但在进行情报分析时，创业型企业无法也没有必要对这四类竞争者都进行详细分析。在工业品领域中，四类竞争者可以按重要性进行排序：直接竞争者>品类竞争者>替代竞争者>其他竞争者。因此，在进行情报分析时，创业型企业应重点分析直接竞争者，关注其他三类竞争者即可。二是关于情报的要求。由于观察者身份不同，情报来源不同，分析目的的不同，所获得的情报也多种多样。在进行商业分析时，创业型企业的相关人员应尽可能获得较为全面的情报，这些情报应该包括但不限于竞争对手、竞争标准（产品/行业）、竞争力、竞品价格、竞品优势、市场认知、市场份额、竞品保护、竞品品牌、竞品推广、竞品渠道等信息。

以某一竞品为例，请列出创业型企业所需获得的情报信息。

竞品情报分析如表 3-3 所示。

表 3-3

竞争对手	你识别的竞争对手有哪些	对方是否也将你列为竞争对手？ □是　　　　　　　□否
竞争标准	你和你的竞争对手属于什么层面上的竞争？ □仅产品层面　　□产业层面　　□行业标准层面　　其他：	
竞品竞争力	竞品的核心竞争力是： □产品　□渠道　□营销　□团队　□资源　□创新力　其他：	
市场认知	知名度：□高　　□低　　其他： 顾客忠诚度：□高　　□低　　其他：	
竞品价格	定价策略：□产品销售定价　　□服务定价 价格比较：□价格高　　□价格低	
市场份额	竞品所占市场份额如何： 竞品收入是否是竞争对手主要收入来源：	
竞品品牌	竞争对手的品牌战略是什么？	
竞品推广	竞品在推广方面有什么特点？	

续表

竞 品 渠 道	竞品的渠道策略是什么? 对自己的产品是否有影响? 若有影响,这样的影响效果是持续的还是短期的

在一个稳定的竞争市场中,市场竞争的参与者一般分为三类:领先者、参与者、生存者。领先者一般是指市场占有率在 15%以上,可以对市场产生重大影响的企业,如在价格、产量等方面对市场产生重要影响;参与者一般是指市场占有率在 5%～15%之间的企业,这些企业虽然不能对市场产生重大的影响,但是它们是市场竞争中的有效参与者;生存者一般是局部细分市场的填补者,这些企业的市场份额非常低,通常小于 5%。

由于上述工具的应用需要以大量的真实数据为基础,本书仅提供基本分析思路,创业型企业还可以用其他工具来进行情报分析。但请记住,该步骤的主要目的有以下两个。

- 知道竞争者未来想怎么做。
- 知道自己如何能比竞争者做得更好。

操作 4. 形成竞争分析说明

当前几步的操作完成后,我们还需要将分析结果进行汇总,形成完整的竞争分析说明,请试着根据上述分析结果,填写汇总说明表。

竞争者分析说明如表 3-4 所示。

表 3-4

竞争者类型	竞品名称 (代表者)	竞品在哪方面对现有产品 市场产生了怎样的影响	如何能扬长避短
直接竞争者			
品类竞争者			
替代竞争者			
其他竞争者			

任务四　商业模式优化

　　和安防行业内大部分企业一样，珠海三润电子有限公司的商业模式非常简单，其主要通过研发、制造和销售产品获取利润。这是安防行业目前可行且有效的商业模式。但创业型企业应该将目光放得长远一点，从持续发展的角度探讨可行的盈利模式。在经典的管理理论中，商业模式的优化可以从产品和客户两个维度进行。从产品维度来看，我们可以借助"微笑曲线"发现高附加值业务，改变盈利结构；从客户维度来看，我们可以通过"客户-需求"四格图开拓新的业务，寻找新的利润来源。而在互联网和人工智能技术颠覆性改变行业发展的当下，通过互联网思维优化商业模式也是一个必须探讨的方向。在这个任务中，我们将从以下几个方面对三润智慧安防产品的商业模式进行优化。

　　工业品商业模式优化路径如图 4-1 所示。

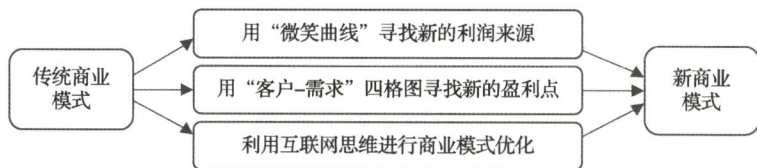

图 4-1

操作 1. 用"微笑曲线"寻找新利润来源

　　"微笑曲线"是 20 世纪由宏碁董事长施振荣先生提出来的，主要用来描述产业链中附加值分布的概念，他将产业链分为"前端、中端、后端"三个部分，并用一个开口向上的抛物线描述各个部分的附加值的大小。

　　"微笑曲线"如图 4-2 所示。

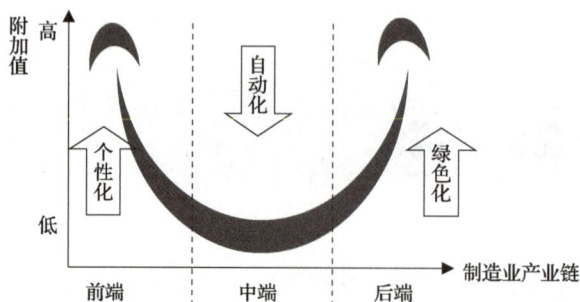

图 4-2

制造业产业链的前端包括研发、设计、采购、材料、定制等个性化设计业务；制造业产业链的中端包括加工和组装业务；制造业产业链的后端包括品牌建设、物流、销售和金融等绿色化业务。工业企业可以通过重新设计，将业务重点放在高附加值区域（即前端业务和后端业务），从而获得高额利润。三润智慧安防产品的利润主要来自中端业务收入，请用头脑风暴法从前端业务和后端业务对三润电子有限公司的智能安防业务进行设计，填写表 4-1，为三润电子有限公司提供可行的业务方向，并设计盈利模式以帮助其找到新的利润来源。

用"微笑曲线"对智能安防产品进行业务设计如表 4-1 所示。

表 4-1

前端开发，设计提高附加值的业务	新的利润来源
研发： （如研发智慧芯片，掌握自主知识产权，开发授权业务）	研发： （如通过专利许可盈利）
设计：	
采购：	
材料：	
后端开发，设计提高附加值的业务	**盈 利 模 式**
物流：	

续表

后端开发，设计提高附加值的业务	盈 利 模 式
客户：	
渠道：	
其他：	

表 4-1 中关于前端和后端的业务类型提示旨在为创业型企业提供方向性参考，利润来源的设计需要结合企业在市场中的行业地位和资源进行综合思考。因此，在完成本实训操作时，学习者需要回顾任务二、任务三、任务四的相关内容，还要结合第七步的内容开展系统思考。

操作 2. 用"客户–需求"四格图寻找新的盈利点

微笑曲线能够帮助创业型企业从业务利润贡献率的角度思考业务方向，调整盈利模式；另外，我们还可以通过"客户–需求"四格图，通过生产满足不同客户的不同需求的产品拓展业务，找到新的盈利点。"客户–需求"四格图是基于 IBM、康柏、通用等诸多企业的发展实践总结而来的，通过"客户–需求"四格图，企业能够较好地利用其竞争优势，找到新的盈利点。

"客户–需求"四格图如图 4-3 所示

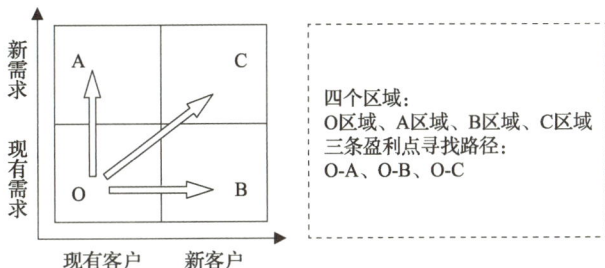

图 4-3

O 区域表示现有客户和现有需求。这里代表了企业现有业务的范围，客户数量相对固定，产品或服务也相对固定，因此在不上调产品或服务的价格的情况下，企业还能通过削减成本实现利润增长。但在竞争激烈的市场环境中，企业常常会陷入产品同质化所带来的价格战，因而削减成本只能保证利润不减少。

A 区域表示新客户和现有需求。这里代表除现有客户外，还有其他客户存在同样的需求。企业可以用现有产品和服务满足这些客户的需求以获得利润。跨区域经营和跨国经营就是企业用现有产品和服务满足其他地域市场的客户的需求以获取利润的常见做法。

B 区域表示现有客户和新需求。现有客户通过使用企业现有产品或服务使其某种需求得到了满足，但现有客户还可能存在其他需求。进入这个区域，意味着企业力图通过满足现有客户的其他需求实现盈利。企业需要关注与现有客户的现有需求存在关联的新需求，它们是容易被满足且容易实现盈利的地方。工业品提供收费服务就是一个很好的例子。

C 区域表示新客户和新需求。这个区域为企业提供了一个实现盈利的空间。有实力的企业可能会留意所有有成长潜力的行业，从而在适当的时机进入这一行业。虽然进入 C 区域有较高的风险，不过一旦做得好，企业就可以获得较高的回报。企业可以通过扩展现有的事业范围，寻找位于 C 区域的业务。通过技术开发进入新的产品领域并获取客户就是 O-C 路径的体现。

请通过图 4-3 中的三条发展路径为三润智慧安防产品寻找可能存在的新的盈利点。

通过三条发展路径分析三润智慧安防产品新的盈利点如表 4-2 所示。

表 4-2

"客户-需求"盈利路径	可能存在的新的盈利点
O-A 路径： 了解现有客户的现有需求	
O-B 路径： 开拓现有客户的新需求	
O-C 路径： 开拓新客户和新需求	

操作 3. 用互联网思维寻求新的利润来源

互联网给传统行业带来了极大的冲击，也促使企业相关人员思维的改变。互联网思维成为 2013 年以来企业管理领域中最火的词语，互联网思维是相对于工业化思维而言的，强调变革和创新。在《互联网思维》这本书里，作者提出了九大思路（如图 4-4），但具体到商业模式优化方面，我们可以总结为以下三句话。

- 数据驱动运营。

- 基础功能免费，增值服务收费。

- 微创新，快速迭代。

互联网九大思维

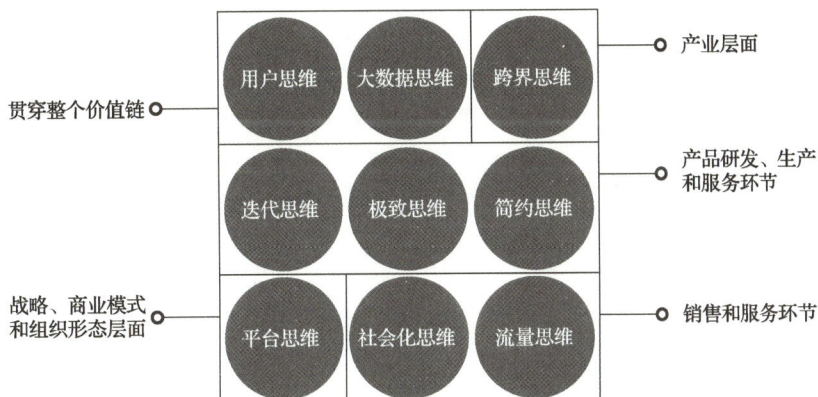

图 4-4

从事智慧安防产品制造和销售的珠海三润电子有限公司，其商业模式还属于相对传统的商业模式，请从上述三个方面，运用互联网思维为珠海三润电子有限公司寻找新的盈利点。

运用互联网思维为珠海三润电子有限公司寻找新的盈利点如表 4-3 所示。

表 4-3

互联网思维	可能带来的新的盈利点
数据驱动运营	1. 2. 3. （如收集相关数据，形成数据分析报告，将其卖给高校作为校园安防参考……）
基础功能免费 增值服务收费	1. 2. 3. （如智能报警柱免费送，承包智能报警柱身广告位……）
微创新 快速迭代	1. 2. 3. （如将智能报警柱改成校园报警箱，将其再次销售给现有客户……）

任务五　创业资源整合

技术创业型企业创业失败的风险远高于传统行业中的初创企业所面临的创业失败的风险。在西方国家中，90%的技术创业型企业存活的时间不超过 10 年。在我国，技术创业型企业存活的时间更短。百森商学院通过对技术创业型企业的调查发现，技术人员在创业的过程中，往往会不自觉地陷入一些困境，如何更好地整合创业资源就是其最容易面临的困境之一。

对技术型企业而言，创业资源可以分为知识资源和运营资源两大类。知识资源包括显性知识资源和隐性知识资源，其中显性知识资源是指企业拥有的行业知识、技术知识、产品知识和相应的管理知识；隐性知识资源是指企业拥有的新产品研发、生产、营销经验与技能。运营资源则包括技术资源、资金资源、物质资源、人力资源和市场资源（如订单、渠道）等。在这一部分的学习中，我们将通过训练，结合珠海三润电子有限公司在整合知识资源和运营资源方面的做法，帮助学习者掌握整合工业品创业资源的步骤和方法。

操作 1．知识资源分析

技术创业型企业，尤其是面对 B 端客户的工业品初创企业，需要对自身掌握的显性知识资源和隐性知识资源有非常明确的认识。这类企业在刚刚创立时，相关人员都有一个误区，认为技术是第一位的，其他要素和资源都不那么重要。事实上，除了极少数情况，从拥有一项技术发展到拥有成熟的产品，需要一个过程。一项技术的生命周期非常短，今年比较有创业价值的技术，可能明年就失去价值了。因此，创业者需要结合行业状况、技术变化、生产能力、营销方法、管理经验等，详细梳理企业的知识资源。

一般我们可以用两个步骤来梳理知识资源。第一步是列出资源列表，将支撑创业项目的各项现有资源一一呈现出来。第二步是通过"微笑曲线"找出企业各项知识资源所处的位置。下面，请结合珠海三润电子有限公司的具体情况和给出的例子，将知识资源列表补充完整，并填写在表 5-1 中。

表 5-1

资 源 类 别	知识资源明细
显性知识	① 行业知识： 智慧城市建设行业的相关知识 ② 技术知识： 智能报警技术知识 ③ 产品知识： 报警设备制造知识 ④ 管理知识：
隐性知识	① 新产品研发技能： 报警设备新产品研发 ② 生产经验和技能： 报警设备生产 ③ 营销经验和技能： 城市安防营销经验 ④ 管理经验和技能：

知识卡片

① 知识资源包括显性知识资源和隐性知识资源，其中显性知识资源是指企业拥有的行业知识、技术知识、产品知识和相应的管理知识；隐性知识资源是指企业拥有的新产品研发、生产、营销经验与技能。

② 技术创业型企业可以通过两个步骤来梳理知识资源。第一步是列出资源列表，将支撑创业项目的各项现有资源一一呈现出来。第二步是通过"微笑曲线"找出企业各项知识资源所处的位置。

③ 学习交流是快速弥补技术创业型企业所缺知识资源的最佳方式，相关人员可以通过参加培训课程、参与政府或民间组织的论坛、参加各种协会和商会组织的活动等方式充实企业的知识资源。

在工业产品竞争日益激烈的情况下，"微笑曲线"可以帮助企业找出现有资源在企业创造价值过程中所处的位置，同时相关人员也能够对所缺乏的资源有清晰的认识。如图 5-1 所示，"微笑曲线"是在以企业各环节为横轴，以附加价值为纵轴的坐标图内的一条开口向上的曲线。微笑曲线的中间段是制造；左边是采购和研发，这些属于全球性的竞争领域；右边是营销和服务，这些属于区域性的竞争领域。制造环节的利润低，但是研发与服务的附加价值高，因此工业品类企业应积极进行产品研发并完善服务内容。

企业附加价值"微笑曲线"如图 5-1 所示。

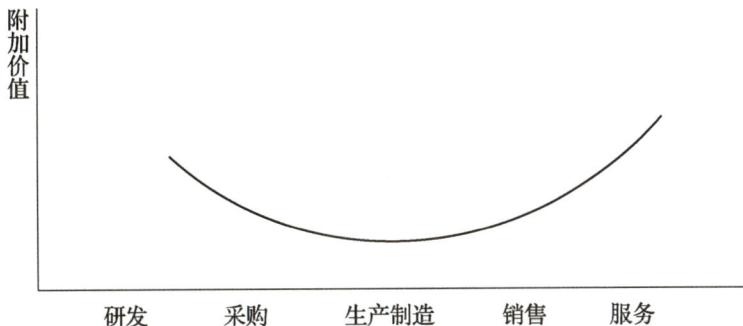

图 5-1

学习交流是技术创业型企业快速补充所缺知识资源的最佳方式。我们可以通过以下几种渠道向成熟的企业进行学习。

① 参加培训公司的课程。现在很多培训公司推出了形式各样的课程，我们可以从中选择一些特别能够补充企业所缺乏的知识资源的课程多多参与。

② 自学商科类课程。相关人员可以参加免费的网络公开课程，以获取知识资源。

③ 参与政府或民间组织的论坛，如技术创新论坛、营销经验论坛等。

④ 参加各种协会、商会、俱乐部组织的活动。如商务考察、酒会、户外活动等。

⑤ 参加同行之间的聚会、庆典。

操作 2. 运营资源分析

创业者的创业行为经常因为资源枯竭而被迫终止。与知识资源相比，运营资源对工业品创业型企业的项目完成度影响更大。因为初创企业的各个项目所涉及的人、财、物、信息等资源均要在运营过程中加以整合。我们可以将从研发到生产，再到推广服务看成一个项目管理的过程。接下来，我们结合"项目资源计划"这个工具，对城市智能报警柱项目的各项运营资源进行分析。

项目资源计划，是指通过分析和识别项目的资源需求，确定项目需要投入的资源种类（如技术、人力、设备、材料、资金、市场渠道等）、项目资源投入的数量和项目资源投入的时间，从而制订项目资源供应计划。

项目资源计划最终要解决的问题是：项目需要什么资源？项目需要多少资源？项目需要什么水平的资源？什么时间需要什么资源？创业型企业可以通过工作任务分解（WBS）、专家判断和头脑风暴法寻找上述问题的答案。请分析城市智能报警柱项目，补充表 5-2。

智能报警柱工作任务分解，如表 5-2 所示。

表 5-2

WBS 结果	资 源 需 求	人 力 资 源	获取资源途径
1．技术开发	（如设备仪器）	（如开发员）	（内部调配）
2．产品生产			
3．市场销售			
4．售后服务			

如前所述的"微笑曲线"表明，对工业品创业型企业而言，两端的研发和营销环节能够带来更高的附加价值，也就是说能够创造更大的利润。技术创业者往往在技术研发方面具有优势，因此，渠道资源就成了工业品创业型企业发展所需的关键资源。

工业品创业型企业常见的渠道类型如图 5-2 所示。

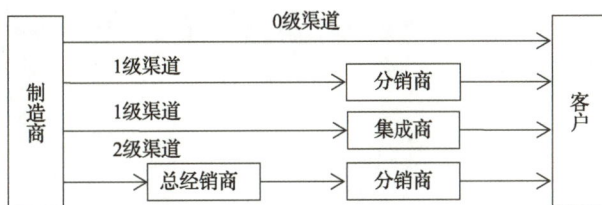

图 5-2

对于专注于研发的技术创业型企业来说，寻找合适的经销商和集成商能够帮助企业快速获取市场份额，增加销售量。那么，从哪些渠道寻找经销商比较靠谱呢？下面给出一些参考。

① 行业网站。行业的相关网站能够提供丰富的同业信息，这些网站通常在各种搜索引擎中可以找到。

② 客户推荐。根据客户提供的信息，也可以挖掘出有实力，且符合技术创业型企业期望的经销商。

③ 参加行业展会。各种类型和规模的行业展会是技术创业型企业挑选经销商的良好渠道，同时，行业展会也提供了经销商同台竞技和现场交流的平台。

④ 招商大会。如果创业型企业能够参与政府部门或大型机构团体在国内外举办的颇具规模的招商大会，那么不仅能够塑造良好的企业形象、增加企业的知名度，而且能够帮助企业快速找到不同区域内靠谱的经销商，助力企业的市场销售工作。

知识卡片

① 运营性资源包括技术资源、资金资源、物质资源、人力资源和市场资源（如订单、渠道）等。

② 创业者的创业行为经常因为资源枯竭而不是任何其他原因被迫终止。与知识

资源相比，运营性资源对工业品创业型企业的项目完成度影响更大。

③ 项目资源计划，是项目管理中的一项重要工具，可以帮助企业厘清项目需要的资源。

④ 技术创业者往往在技术研发方面具有优势，因此，重点关注渠道资源就成为企业发展的关键环节。工业品领域中的企业常见的渠道类型有四种，寻找合适的经销商和集成商能够帮助企业快速占领市场份额。

任务六　进行有针对性团队建设

一旦开始着手创业，你就会发现个人的能力确实有限，此时，建立一个分工明确、优势互补的创业团队，能够迅速地理顺运营流程、整合各项资源，并使企业取得跨越式发展。另一方面，在大浪淘沙的创业过程中，创业团队成员的更替与洗牌显得更加频繁，这种现象必然会对初创企业产生影响，像珠海三润电子有限公司这样的工业品创业型企业也不例外。因此，进行有针对性的团队建设是保证创业项目得以切实开展的基础，也是初创企业得以稳健发展的基石。一般来说，初创团队若满足以下三个条件，基本可以称得上是好的初创团队：团队搭建基本到位，优势资源基本互补，可以满足项目要求；股权结构合理，既能保证创始人的话语权，又能兼顾团队成员的利益；团队成员的价值观基本一致，团队成员对于要进入的领域确实是有一定了解的。那么，一个团结、高效的创业团队是如何组建的呢？接下来我们将通过训练，分步为珠海三润电子有限公司组建一个好的创业团队。

操作 1．岗位职能分析

岗位和职能的设置来自我们的产品/服务和商业模式所要完成的任务。珠海三润电子有限公司作为一个拥有技术开发、产品制造、市场推广及服务的完整业务链条的工业品创业型企业，围绕城市智能报警设备和楼宇安防产品开展创业活动。请回顾任务二、任务三、任务四中关于商业模式和产品服务的相关分析，确认以下问题。

1．技术研发是不是珠海三润电子有限公司的关键环节？　　　□是　　□不是

2．产品生产与组装是不是珠海三润电子有限公司的关键环节？　　□是　　□不是

3．产品销售是不是珠海三润电子有限公司的关键环节？　　　　□是　　□不是

4．售后服务是不是珠海三润电子有限公司的关键环节？　　　　□是　　□不是

5．其他_____？　　　　□是　　□不是

团队岗位和职能的设置由上述关键环节的任务决定，请思考珠海三润电子有限公司需要设置的工作岗位及其职责，填写表 6-1。

珠海三润电子有限公司需要设置的工作岗位及其岗位职责分析如表 6-1 所示。

表 6-1

工 作 岗 位	岗位职责 （用结果而非过程表述）	是否核心岗位	可 否 外 包

知识卡片

① 团队建设不是盲目的，岗位职能分析是组建创业团队的第一个步骤。

② 岗位职能分析应根据创业项目关键环节所需完成的任务确定。

③ 岗位职能以结果而非过程进行描述，尽量采用定量描述。

操作 2．团队人员规划

组建团队除了要找到合适的人，还要用合适的激励方式把他们留住。而这些是在寻找人员之初就要思考清楚的。请为珠海三润电子有限公司做好团队人员规划并填写表 6-2。

珠海三润电子有限公司创业团队人员规划如表 6-2 所示。

表 6-2

岗　　位	人 员 要 求	成 员 分 类	激 励 方 式
	专业能力： 相关经验： 能带来的资源：	□联合创始人 □战略合作伙伴 □核心成员 □普通员工	1. 2. 3. 4.
	专业能力： 相关经验： 能带来的资源：	□联合创始人 □战略合作伙伴 □核心成员 □普通员工	1. 2. 3. 4.
	专业能力： 相关经验： 能带来的资源：	□联合创始人 □战略合作伙伴 □核心成员 □普通员工	1. 2. 3. 4.
	专业能力： 相关经验： 能带来的资源：	□联合创始人 □战略合作伙伴 □核心成员 □普通员工	1. 2. 3. 4.

操作 3．选择创业团队负责人

团队负责人作为团队的带头人，其性格和素质，影响着整个团队的氛围和团队成员的工作效率，团队负责人对公司业务和方向的思考直接决定着公司后续的发展。因此，我们对团队负责人的特质单独进行讨论，以引起大家的足够重视。

请分析，工业品企业或技术创业型企业的团队负责人的职责有哪些？作为珠海三润电子有限公司的团队负责人应具备哪些素质和能力？请将分析结果填写在表 6-3 中，请总结后填写，尽量精练且具有代表性。

表 6-3

工业 4.0 时代的特点	1. 2. 3. 4.
工业 4.0 时代下 对团队负责人的要求	1. 2. 3. 4.
三润电子团队负责人 应具备的基本素质/要求	1. 2. 3. 4.
针对能否担任团队负责人，分析你所具有的优势。	

若你无法全面评估自己，我们为你提供了专业的评测工具，详见"知识拓展"部分。

任务七　你真的想好要创业了吗

创业是一条艰辛的道路，在这条道路上，别人看到的是创业者获得的鲜花和掌声，而创业者遇到的困难和所受的煎熬，只有自己知道。一旦开始创业，意味着创业者需要付出自己几乎全部的时间和精力，舍弃安逸的生活、稳定的薪水，踏上一条全力拼搏却前途未知的奋斗之路。所以，你必须反复问自己：真的想好了要成为创业者，并开始行动吗？

操作 1．为什么创业

有很多人在准备创业的时候都满腔热情，但在创业过程中遇到困难就无法坚持；有些人数次尝试创业，数次失败，历经各种困难，仍坚持不懈。几乎所有的创业探索都会历经各种困难，所以你必须在行动前进行一次认真的思考。下面的问题有助于你进一步判断自己是否是一个真正的创业者。

1．你为什么想创业？

（1）_____

（2）_____

（3）_____

2．一旦创业，意味着你将放弃什么？

（1）_____

（2）_____

（3）_____

3．一旦创业，你愿意投入些什么？

（1）_____

（2）_____

（3）_____

操作 2．凭什么创业

除了满腔热血、目标坚定，还得问问自己凭什么可以创业？请你根据自己的情况，回答下列问题。

1．你是否比他人更容易抓住商业机会？　　□是　　□不是

2．你是否比他人拥有更丰富的行业经验？　　□是　　□不是

3．你是否懂得创业中基本的人情世故？　　□是　　□不是

4．你是否拥有有效的创业人脉资源？　　□是　　□不是

5．你是否愿意并且能够与他人分享？　　□是　　□不是

6．你是否能够快速行动，将创意落地？　　□是　　□不是

如果以上条件暂时还不具备，你是否愿意通过学习，增强自己各方面的能力？

□是，我愿意在行动中学习，并不断改变自己。

□学习估计解决不了我的问题，我再想想。

若你的答案是前者，欢迎你，让我们一起开启创业实训之旅。若你的答案是后者，创业实训也有助于你了解现实的商业社会，帮助你更好地走入职场。

提示

① 创业前多问自己"为什么这件事我做更容易成功？"，全方位了解自己的能力和素质，不断总结和反省。

② 没有哪一个创业者一开始展现的态度或行为就是完美的，因此，你可以通过不断学习，增长自己的创业智慧与能力。

工业品创业实训手册学习思维导图

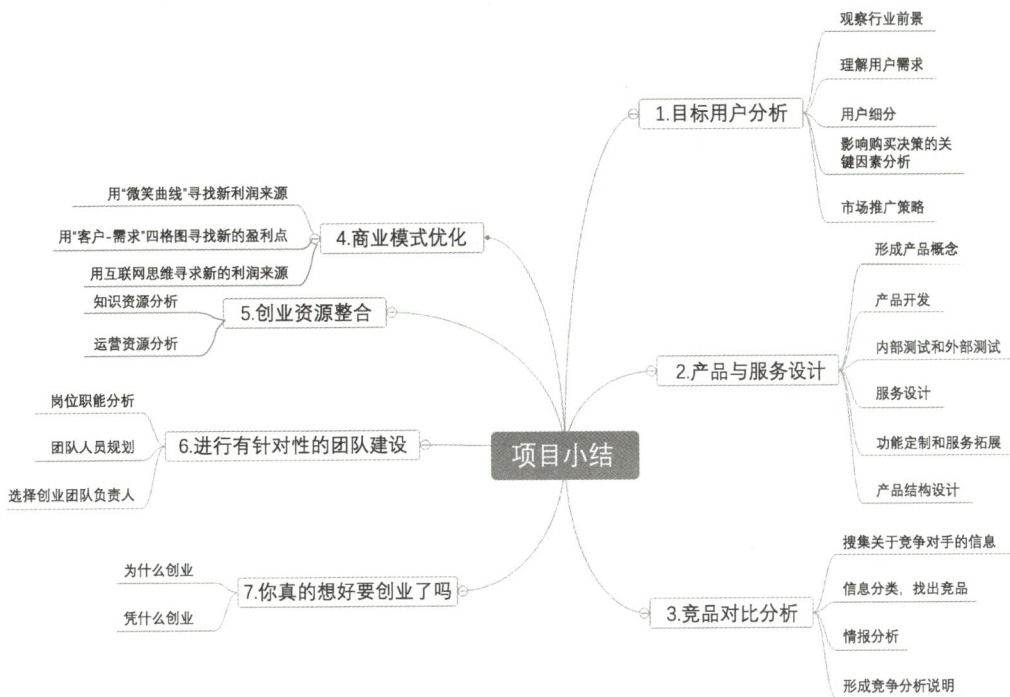

观察行业前景
理解用户需求
用户细分
影响购买决策的关键因素分析
市场推广策略
1.目标用户分析

用"微笑曲线"寻找新利润来源
用"客户-需求"四格图寻找新的盈利点
用互联网思维寻求新的利润来源
4.商业模式优化

知识资源分析
运营资源分析
5.创业资源整合

岗位职能分析
团队人员规划
选择创业团队负责人
6.进行有针对性的团队建设

为什么创业
凭什么创业
7.你真的想好要创业了吗

项目小结

形成产品概念
产品开发
内部测试和外部测试
服务设计
功能定制和服务拓展
产品结构设计
2.产品与服务设计

搜集关于竞争对手的信息
信息分类，找出竞品
情报分析
形成竞争分析说明
3.竞品对比分析

收官

∨

考核与评分

创业实训考核与评分

姓名：_____

电话：_____

邮箱：_____

一、 考核内容、标准、方法

创业实训旨在通过真实的项目训练帮助互联网时代下的小微创业者提升创业实战能力。创业能力是综合性的，我们通过在创业学习中被普遍认同的"商业模式画布"展开实训考核。

通过前面的训练，学员应该较好地掌握了进行工业品创业的基本思路和技能，在考核环节，请学员自主选择一个工业品创业项目，完成该项目的商业模式画布。商业模式画布由创业导师打分，评分标准详见《商业模式画布评分表》，满分 100 分。

在完成商业模式画布时，由于整张画布的内容需要高度精练，因此，我们将画布拆分成汇总表和九步骤表单，并采用活页装订。在步骤表单中，学员可以填写并解释自己的想法，但在汇总表中，学员只能将高度精练的短语填写在不同的模块中，填写完成后，撕下活页表，填写相关信息，装订后上交。导师们将对十张表格进行评分。导师通过汇总表中的内容判断学员创业思路的逻辑性和可行性，通过步骤表单中的内容分析学员对创业知识和工具的掌握情况，最终根据评分标准，给出学习过程总分。

二、 考核表单

（一）所选项目介绍

_____

_____

_____

（二）商业模式画布考核（考核一）

第一步　客户细分

请根据项目实训中"目标用户分析"的操作训练，回顾所学知识，完成"用户画像"。

用户画像

基本属性
年龄：
性别：
所在区域：
单位类别：
级别：
其他：

行为数据
购物偏好：
品牌倾向：
消费水平：
消费频次：
关注话题：
其他：

第二步　价值主张

该项目能够为各个客户群体带来哪些用户价值？请总结后填写。

价值主张

1.
2.
3.
4.
5.

第三步　渠道通路

你计划如何将价值主张传递给客户？

1. _____

2. _____

3. _____

价值主张

用户画像

第四步　客户关系

在实践中，存在以下九种客户关系，每个企业都与客户保持着一种或几种关系，请参考九种客户关系类型，并回顾相关内容，回答下列问题。

1. 客户希望与我们建立与保持怎样的关系？

□ 个人助理　　　　　□ 自助服务　　　　　□ 专用个人助理

□ 自动化服务　　　　□ 社区　　　　　　　□ 共同创作

2. 你想通过何种渠道/手段维持客户黏性？

_____

_____

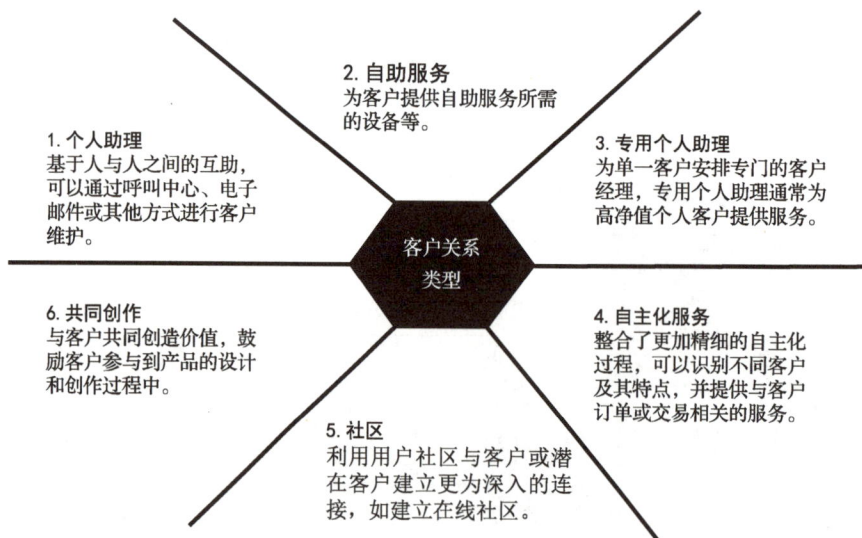

第五步 收入来源

1. 客户是如何支付费用的？他们更愿意如何支付费用？

_____

_____

2. 每个收入来源占总收入的比例是多少？

_____

_____

3. 该项目有以下哪些收入来源？请在选项前画"√"

☐资产销售　　☐使用收费　　☐订阅收费　　☐租赁收费

☐授权收费　　☐经济收费　　☐广告收费

4. 请将收入来源按照稳定程度进行排列。

①_____　　②_____　　③_____　　④_____

⑤_____　　⑥_____　　⑦_____　　⑧_____

第六步 核心资源

请围绕实体资产、知识技术、人力资源、合作网络、金融资源五种核心资源思考下面的商业模式单元，并填写下表。

模 式 单 元	所需核心资源
价值主张	
渠道通路	

续表

模 式 单 元	所需核心资源
客户关系	
收入来源	

第七步　关键业务

关键业务主要包括以下三类。制造产品：研发、设计及制造产品的过程是企业的关键业务之一。平台/网络：网络服务、交易平台、软件甚至品牌都可看成平台，与平台管理、服务提供和平台推广相关。问题解决：为客户提供新的解决方案，需要对相关人员进行持续培训。

请为该项目总结关键业务。

1.　_____

2.　_____

3.　_____

第八步　重要伙伴

合作关系类型：①非竞争者之间的**战略联盟关系**，如微软与英特尔（操作系统与CPU）；②竞合：竞争者之间的**战略合作关系**，如滴滴和快的；③为开发新业务而构建的**合资关系**，如软银与阿里巴巴建立 SB Cloud；④确保可靠供应的购买方——**供应商关系**。

请思考并回答以下问题。

1．谁是我们的重要伙伴？

_____

2.谁是我们的重要供应商？

_____

3．我们正在从伙伴那里获取哪些核心资源？

_____

合作关系的作用如下。

降低风险和不确定性	模式优化和规模经济	获取特定资源和业务
可以减少因市场不确定性因素而形成的竞争环境所带来的风险。	合作关系能够对合作各方的商业模式优化和规模经济发展产生明显作用，尤其是在降低各方的运营成本方面。	依靠其他企业提供特定资源或执行某些业务活动来扩展自身的业务范围。

第九步　成本结构

成本结构类型有以下两种。

成本驱动型：创造和维持最经济的成本结构，最大限度地采用自动化生产和业务外包的成本导向，如廉价航空公司。

价值驱动型：专注于创造价值，综合考虑"投入"与"产出"关系的成本导向，如顶级酒店。

请思考并回答：

1．什么是商业模式中最重要的固有成本？

_____

2．哪些核心资源的成本较高？

_____

3．哪些关键业务的成本较高？

_____

商业模式画布汇总表

重要伙伴	关键业务	价值主张	客户关系	客户细分
	核心资源		渠道通路	
成本结构			收入来源	

（三）实训总结报告（考核二）

此部分的考核由每一位学员独立完成。这一部分是学员们展示自己关于创业实训见习的不同体验和由此形成的观点。我们希望学员能围绕"创业精神、创业与职业技能"展开思考，这是我们开设创业实训课程的目的。当然学员也可以自由展开，说出自己最深刻的体验和收获。

此部分考核不设定具体的指标，由创业导师打分，满分 20 分，与"考核一"共同组成学员的实训成绩。

创业实训个人总结报告

① 有关创业精神方面的收获	

② 有关创业技能方面的收获	
③ 其他收获	
✎ 给创业实训教学的建议	

三、 考核评分

请创业导师根据以下标准为参加创业实训的学员打分。

<table>
<tr><td colspan="5" align="center">创业实训评分表</td></tr>
<tr><td colspan="2" align="center">考 核 内 容</td><td align="center">考 核 指 标</td><td align="center">满　分</td><td align="center">导 师 评 分</td></tr>
<tr><td rowspan="8">考核一</td><td>客户细分</td><td>是否真正理解用户需求
是否完成了"用户画像"</td><td>8</td><td></td></tr>
<tr><td>价值主张</td><td>产品或服务设计是否合理
客户细分是否能够感知产品价值</td><td>8</td><td></td></tr>
<tr><td>渠道通路</td><td>传递价值的渠道选择是否准确
互联网+背景下的渠道选择是否创新</td><td>8</td><td></td></tr>
<tr><td>客户关系</td><td>客户关系定位是否准确
维系客户关系的方法是否有效</td><td>8</td><td></td></tr>
<tr><td>收入来源</td><td>收入来源是否稳定
是否充分挖掘了潜在的收入来源</td><td>8</td><td></td></tr>
<tr><td>核心资源</td><td>所需核心资源是否详细、准确</td><td>4</td><td></td></tr>
<tr><td>关键业务</td><td>关键业务的判定是否准确</td><td>4</td><td></td></tr>
<tr><td>重要伙伴</td><td>重要伙伴考虑是否周全
供应商关系是否考虑周全</td><td>8</td><td></td></tr>
</table>

续表

创业实训评分表				
考 核 内 容		考 核 指 标	满　　分	导 师 评 分
考核一	成本结构	成本结构是否合理 是否准确定位了成本较高的部分	8	
	画布总表	商业模式画布总表是否完整、准确	16	
考核二	创业实训 总结报告	是否有收获，有体会 体会和收获是否真实、客观	20	
总分			100	

拓展知识分享

一、 市场与用户分析

1. 市场调查是了解用户想法的关键

在为编写本教材准备资料时，我们拜访了很多创业者，他们中的很大一部分都是持续创业者，其过往的创业项目有成功的，也有失败的。有一个创业者销售过一种祛痘产品，生产厂家的营销经理建议他做广州区域的总经销。营销经理说："前一阵子，我站在广州上下九商业街那里观察,让我非常兴奋,在过往的人中,脸上有痘痘的人特别多……"广州天气燥热，人口又多，于是这位创业者也感觉这个市场会很大。可是与消费者接触后他才发现，痘痘在广州的这种气候下特别容易反复，所以时间久了很多人就不去理它了，这也就意味着大家所看到的脸上有痘痘的人，不一定就是祛痘产品的消费者，所以这个市场没有其想象中的那么大。加上同类产品的竞争、高昂的促销成本等，该创业者的这次创业失败了。没有深入地进行市场调查，是导致这个项目失败的一个主要原因。

"今年过年不收礼，收礼还收脑白金""孝敬爸妈，脑白金"这些广告语是脑白金创始人史玉柱想出来的（如图 1-1）。当时在公司为脑白金广告语做头脑风暴时，史玉柱说出来这些广告语之后被大家否定了。史玉柱强行拍板用了这些广告语，结果一用就是二十年。脑白金曾经创造了连续 16 年成为中国销量第一的保健品的记录。这个广告语的成功，就源于市场调查。史玉柱说，开始做脑白金的时候，除了西藏和澳门，他几乎跑遍了全国。在武汉的公园里，他和退休的老年人聊天。多数老年人说，他们还是相信保健品的，但一辈子节俭惯了，不太舍得自己买……不舍得自己买，就只有别人送了，所以"今年过年不收礼，收礼还收脑白金"这句广告语就出来了。那么谁会给老年人送保健品呢？退休之后，老年人的社会交往活动大幅减少，礼尚往来的事情也就随之减少了。只有自己的儿女送最靠谱，同时，儿女也有孝敬父母的愿望，所以"孝敬爸妈，脑白金"这句广告语也就有了。因此，无论是产品设计，还是广告营销，市场调查是关键。

图 1-1

另一个问题是如何做。你打算如何经营这个项目？有些看似有市场的项目，结果做了之后没市场；有些看似没市场的项目，结果做了之后有市场。大势好，你未必好；大势不好，你未必不好。在处于朝阳阶段的互联网行业中，不计其数的人创业失败；在充满竞争的传统行业中，做好了同样有市场。我们拜访的另一位创业者在新加坡工作过几年，他说，在新加坡，几乎每个居民社区和商业社区中都有比较大型的面包店，面包、点心的种类也很多，竞争激烈。因此，创业者进入这一领域进行创业是有难度的，想要创业成功就更困难了。可是郭明忠用创新的经营模式和超越现有面包店的高档定位，让他的 Bread Talk 面包店成立三年就成功上市。每间 Bread Talk 的店铺（如图 1-2）的装修都融入了现代美术、设计元素，明亮的玻璃窗能够让顾客看到厨师在厨房中的制作过程，这让每个踏进 Bread Talk 的人都能在视觉、感受和味觉上得到最大的满足和愉悦。如今，Bread Talk 采用特许经营的形式把业务扩展到了 10 多个国家。

图 1-2

知识卡片

1. 在正式启动商业项目之前，一定要找准目标用户，并确认他们的需求，这样我们才可能确定产品的营销方式。

2. 以市场调查为基础的分析是区分有效需求与潜在需求的有效手段。

3. 有些看似有市场的项目，结果做了之后没市场；有些看似没市场的项目，结果做了之后有市场，所以项目的经营模式很关键。

2. 界定市场范围

市场调查除了用于了解用户需求，还能帮助创业者了解其准备进入的市场有多大。创业者还需要对创业项目启动以后，自己有能力覆盖的市场范围进行预估。因为发展是以后的事，创业者的首要任务是保证企业生存下来。创业者准备进入的市场要有一个足够的空间，要能够容纳创业者和一两个甚至更多的竞争对手。有了这个基本的生存空间，我们才能进一步分析更高层面的市场，放眼全国，甚至全球。投资人通常会问创业者一个问题，"产品的市场天花板在哪里"，或者"你的跑道有多长"。所以，创业者如果想将创业项目做大，想寻求投资，就要做好市场分析。投资人通常希望其所投资的项目有足够的市场成长空间，不能做一做就触到"天花板"了。

传统模式的企业，其成长有个慢慢发展起来的路径，通常是以一种渐进的方式扩大自己的经营版图。而现在不像以前，越来越多的企业抛开传统的成长路径，从开始创立就迅速走上国际化的道路。这类企业虽然规模小、成立时间短，不具备传统大企业所拥有的丰富的资源和优势，但其却能在全球范围内捕捉商机，整合资源，在国际市场上成功地与创立已久的成熟企业展开竞争，实现快速成长。这一类企业被称为"国际初创企业"，我们不能用传统的企业理论解释这一类公司的成长现象。估值超过 10 亿美元的初创企业被称为"独角兽"。它通常有三个特征：处于"风口"，高速发展；商业模式可扩充性强；使用了互联网技术。"国际初创企业"和"独角兽"正在展现其极强的生命力和竞争力。

> **知识卡片**
>
> 1. 了解用户需求后，就要看看自己准备推出的产品和服务有多大的市场。因为这关系到我们的创业项目有多大的市场空间。
>
> 2. 市场分两个层面。首先是"生存市场"，即创业项目启动后，我们能覆盖的市场范围，创业者的首要任务就是保证企业生存下来。其次是"发展市场"，即更大范围的市场。创业项目的投资人需要了解企业"发展市场"的范围。

3. 判断有效市场的三个要素

大家都有过看病挂号的经历，过去我们需要到医院排很长的队，现在足不出户即可实现随时随地在线挂号，对老百姓来说确实很方便，医院的服务效率也越来越高。而这个看似简单的在线问诊场景背后，是大数据与创新科技、互联网的发展融合，我们正在迎来一个智慧医疗的新时代。如今，有许多发展智慧医疗的有利条件。首先是政策的支持和鼓励。从 2016 年《"健康中国 2030"规划纲要》中提出发展基于互联网的健康服务，全面推进医院支付方式改革，到 2021 年中共中央、国务院发布的《中华人民共和国国民经济和社会发展第十四个五年规划和 2035 年远景目标纲要》提出构建基于 5G 的应用场景和产业生态，在智慧交通、智慧物流、智慧能源、智慧医疗等重点领域开展试点示范。各种利好政策的出台，助推智慧医疗的飞速发展。其次是技术逐渐成熟。2015 年以来，云计算、大数据、人工智能、移动互联网、物联网等新一代信息技术和网络技术在全球范围内迎来新一轮发展高潮，为包括医疗健康在内的产业发展注入了新动力，不仅从技术和资源供给端改变了行业的基础架构，还从业务和运营方式上彻底重塑了医疗健康服务的供需形态。根据中国信息通信研究院西部分院发布的《2020 智慧医疗发展研究报告》，2020 年中国智慧医疗行业规模已突破千亿元大关，中国智慧医疗行业将进入智能化、高效化、规模化发展的高速增长期，智慧医疗正在成为推动中国数字经济飞速发展的"新动能"。

2013 年，联想从内部孵化了一个意在打开智慧医疗市场的新项目——安想；2016 年安想独立为联想旗下医疗领域战略性发展业务，联想全面布局医疗信息化行业；2019 年，安想获平安集团战略入股，目前已发展成为中国领先的智慧医疗整体解决方案供应商。安想以国内首创的"以患者为中心"的服务理念，打造了超大型综合性三甲医院门诊业务"零排队"标杆，为大型三甲医院信息化变革提供了技术支撑。从 2016 年成立至今，安想在业务量方面保持着每年 100%的增长速度。安想创始团队负责人尹川说，在医疗领域中还有很多疑难杂症是待解的难题，如肾病是中国主要的慢性病之一，有相当一部分患者可能需要换肾、透析等治疗，但现有的透析中心不足以满足所有患者的需求；现有的透析设备绝大部分来源于国外供应商，但是国外供应商在中国进行服务时会出现"水土不服"的情况，因为中国的诊疗流程、诊疗体系、质量控制要求等和国外不一样，国外供应商只能把设备搬进来，流程和方法却搬不进来。从这个角度看，信息互通很关键，所以安想就把智慧医疗的技术和先进的设备结合起来。以前患者做透析的时候，护士需要至少花 30 分钟帮患者录入各种数据，而现在通过智慧医疗技术，护士不到 1 分钟就能完成患者数据的录入，这种变化是革命性的。正是这种革命性的变化让试点地区的医院和患者都切实地感受到了便捷。

我们常说高效、高质量和可负担的智慧医疗不但可以有效提高医疗质量，而且可以有效阻止医疗费用的攀升，这正好契合了判断智慧医疗市场的三个要素：人口、购买力和购买欲望。对于快速发展中的中国智慧医疗市场来说，人口和购买力都是具备的，而真正促使智慧医疗行业快速发展的关键还在于这个行业的相关组织是否能够准确掌握中国城乡发展的具体情况，结合老百姓的实际需要解决传统医疗的痛点，让大家获得性价比更高的就医体验，从而产生群体性的购买欲望，真正让"小病在社区，大病进医院，康复回社区"的居民就诊就医模式成为现实。

知识卡片

1. 判断市场有多大有三个要素：人口、购买力、购买欲望。

2. 一个市场有了足够的人口和购买力，还要看人们的购买欲望，有了购买欲望，购买力才会变成有效的需求，有了有效的需求才可能有市场。

二、 产品与服务设计

1. 用户需要才是产品的核心价值

"每一个活下来的公司，都是由 99 个倒下去的公司支撑起来的。"成功地开办一家公司，不那么容易。很多有创业冲动的大学生，常常是只看到创业者的光环，对创业过于乐观。现在不同于 20 世纪 90 年代的中国，当时到处是空白市场，创业者只要肯吃苦就能成功。今天，在同一领域有创业想法的人很多，竞争者和跟进者的速度都很快，如果创业者没有清晰的商业逻辑，成功的概率就非常小。在启动一个商业项目之前，或者说在创业之前，创业者要考虑四个基本问题，我们逐一展开。

创业者首先得清楚自己卖的是什么。也就是说我们所提供的产品或服务能给用户提供什么价值。我们拜访的一位创业者（以下使用第一人称"我"）向我们诉说了他的一段经历。

我有一次和朋友到一家新开业的五星级的酒店（如图 2-1）吃西餐。我们落座后，一个服务员问我们需要点什么，我们点了咖啡和一些主食，我的主食是一个小比萨，朋友的主食是一碗白饭。几分钟后咖啡上来了，咖啡是苦的，没有一点甜味，问服务员有没有糖，她才把糖拿过来。西餐厅里没有几个人就餐，可是上菜的速度却很慢。等了很久，朋友的一碗白饭上来了，可是连个羹匙也没有，我跟服务员讲能不能拿个羹匙来……在五星级酒店用餐的感觉就在服务员的"服务"中渐渐消失了。

图 2-1

结账的时候，服务员要加收 15% 的服务费。为什么四星级酒店和五星级酒店会收服务费？因为它出售的不仅仅是食物，更多的是它的服务和环境。也就是说这家五星级的西餐厅卖的很大一部分应该是它的服务，然而，我和那位朋友都没有感受到五星级服务。

于是我对服务员说，麻烦你把大堂经理叫来。一会儿，身着西服套装的经理来了，我表达了不满。但经理说，西餐厅刚刚开业，可能准备不周，但服务费还是要照收的。

我和经理说，这是我第一次来就餐，也是我最后一次来就餐。

创业者要创业，首先得明白要卖什么。就我们一般人的口感来说，在超市买一包雀巢的三合一咖啡，在家里用开水冲调，和五星级酒店的一杯 38 元的咖啡会有多大差别呢？那多出来的钱的价值应该是什么？用户用多出来的钱在买什么呢？

我们拜访的另一位创业者在珠海开了一家名为乐天小居的快餐厅（如图 2-2），那里出售的快餐的味道相当不错，创业者的很多朋友在不同时间去过，都有这样的感觉。唯一遗憾的是每一次出菜的速度都比较慢。因为这家快餐厅的客源比较固定，基本上是附近的一些上班族和高中生，还有小区居民，店内午餐时段卖得最多。可以想象一下，中午已经饿着肚子的高中学生和一些上班族就想快一点吃完午餐，再回去休息一会，这样即便乐天小居的东西比较好吃，但很多顾客吃过几次后，就不愿意再来这里等待了。饿着肚子等一顿快餐，可不是好的顾客体验。久而久之，顾客渐渐流失。在开业八个多月后，乐天小居支撑不下去了。创业的第一个关键的问题是，创业者得清楚自己卖的是什么。快餐厅卖的是四个字：美味+快速。少了"快速"两个字，乐天小居的生意自然不会一直好下去。

图 2-2

开始的时候，真功夫的生意没那么好，其问题在于出菜速度较慢。于是真功夫推出了一个"挑战 80 秒"的活动（如图 2-3），顾客从点餐结束开始计时，如果在 80 秒内，顾客没能拿到所点的餐食，就会免单。所以，收银员下单之后，就开始催后厨，一道一道工序催下去。用这种"倒逼"的方式让整个流程"快"起来。后来真功夫又搞了一个"挑战 45 秒"的活动，就像麦当劳和肯德基一样，让顾客在非常短的时间内就可以拿到自己所点的餐食。

图 2-3

创业者要卖什么，源于用户的需求。下面的例子将会加深创业者对这个问题的理解。有一个文件夹制造商生产的文件夹特别结实，质量很好，可是文件夹的市场销量就是上不去，制造商百思不得其解，就请来营销顾问咨询。制造商在四楼的办公室中推开窗子把手中的文件夹扔下去，然后对身边的营销顾问说，"你看我的文件夹有多好，从四楼丢到一楼都不会摔坏"，说罢脸上洋溢出一丝得意的笑容。营销顾问却不以为然。营销顾问说，"顾客买你的文件夹不是为了将它从四楼丢到一楼"。营销顾问一语道破了文件夹销量上不去的原因。顾客买文件夹是为了夹文件，而不是将它摔在地上，所以"结实"并不是顾客的核心需求，然而文件的"结实"又大大地增加了其制造成本，这样就导致了文件夹制造商的文件夹没有价格优势。所以创业者得确定自家产品所提供的价值是客户所需要的。一个人感冒了，到店里买药，没有康泰克，销售人员可以推荐白加黑，因为药店出售的是治疗感冒的"工具"，客户真正的需求也不是康泰克，而是治好感冒。

任何一个创业者在选择创业项目的时候，都需要问自己，客户为什么要选择我？我能够给客户提供什么价值？客户为什么用自己的产品，用自己的产品有什么好处。创业者只有明确客户的需求和自己能为客户带来的价值才能持续获得利润。

知识卡片

1. 创业者在创业前首先得明白自己卖什么。例如，快餐厅卖的是"美味+快速"；五星级的西餐厅卖的是"美味+服务+环境"。

2. 搞清楚卖的是什么，这源于客户真正的需要。用户的需要，就是我们的产品存在的价值。

2. 产品的价值是由用户判断的

江小白，一个光听名字根本无法和酒扯上关系的品牌，在这十年，成功出圈。陶石泉创立江小白的初心就是要在变革的时代中打造一个有时尚感的白酒品牌，让年轻人接受它并且享受它。时间来到 2019 年，江小白做到了两个第一：在 25～35 岁的年轻消费人群中，白酒品类里市场占有率最高；在所有白酒品牌中，女性用户占比最高。

在已经被茅台这样的老品牌筑起铜墙铁壁的白酒行业中，要想突围就要理解产品设计最底层的思维——产品的价值是由用户判断的。酒是情绪饮料，不是刚性需求。传统的主流观点认为，白酒要设计出传统感，品牌越老越有竞争力。喝酒是应酬，是带有目的性的社交，是表现身份地位的东西。江小白则反其道而行之，在深刻分析新生代人群的生长环境和审美价值观后认为酒的应用场景包含政务宴请、商务宴请、公司聚会、家庭聚会和休闲小聚等，前四种场景中的酒深受传统思维影响，而休闲小聚场景中的酒亟待改变以适应新生代的文化需要。从这个角度出发，江小白围绕休闲小聚这个场景，将参与者的关系（同学、同事、朋友……）一一梳理出来，并把休闲小聚场景中的对话印到瓶子上，江小白的爆款表达瓶（如图 2-4）应运而生。

"年轻时犯错　多半是该动脑子的时候　却动了真情"

"话说四海之内皆兄弟　然而　四公里之内　却不联系"

"我在杯子里看见你的容颜　却已是　匆匆那年"

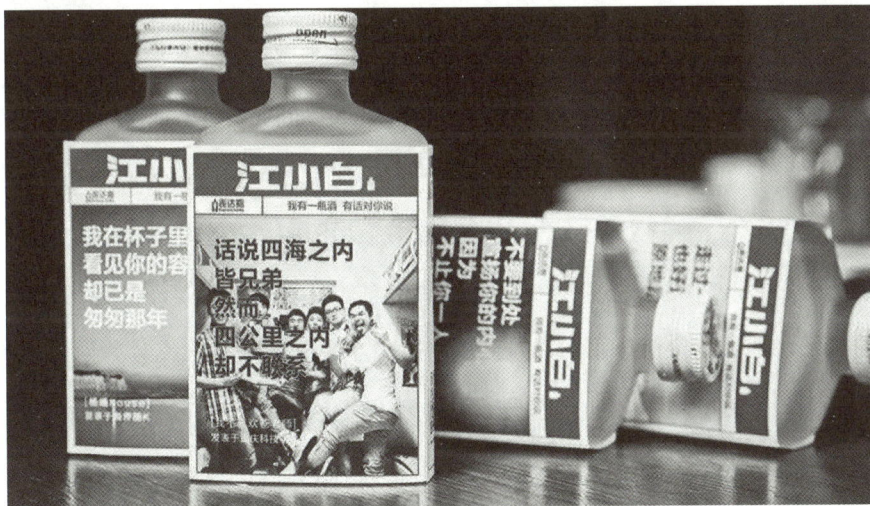

图 2-4

走心的文案让年轻人趋之若鹜，后来的表达瓶上还增加了二维码，每个人都可以录一句话发给江小白的团队，之后江小白还推出了定制款产品。目前江小白已经实现了中国 60%的城市销售覆盖，出口 28 个国家和地区。喝着印有自己心声的小酒和三五好友畅所欲言，这样的场景正是年轻用户所需要的。

知识卡片

1. 任何一个创业者在启动创业项目的时候，都需要问自己，我能够为用户提供的价值是什么？

2. 不是你的产品有多好，而是用户认为你的产品有多好，因为产品的价值是由用户判断的。

三、 相对于竞品的优势

1. 找出相对于竞品的优势才有胜算

从目前的情况来看，很难找到完全空白的市场进行创业，所以在推出产品和服务之前，创业者要仔细分析竞争对手，否则，即便有广阔市场，也会成为竞争对手的市场，而不是你的。你可以把自己的产品和市场上做得不错的同类产品仔细进行比较，看看自家产品的优势在哪里。这个优势是不是用户很在意的。这个优势是不是用户很容易就能感知到的，因为产品的价值是由用户判断的，很多产品确实在技术或者其他方面有优势，但如果相关人员不在设计和推出产品时进行周密的考虑，很难使自家的产品在众多竞争产品中脱颖而出。

2021年中国新能源车的销量突破320万辆，占乘用车市场份额的18%。新能源汽车的市场占有率逐年增长，与燃油车的正面竞争日趋白热化，其竞争优势也推动了汽车市场的变革。

新能源汽车成为汽车玻璃市场扩容的核心推动力。特斯拉、蔚来、小鹏、大众等新能源汽车品牌的主流车型均搭载了全景天幕，全景天幕代替了原先的金属车顶和天窗，大幅提升了单车玻璃的用量，也改变了汽车整体设计的发展潮流。

除了能够实现城市路况全覆盖的高速自动导航辅助驾驶功能，融合超声波系统和全景视觉系统的智能泊车系统、智能预警和保护系统也在新能源汽车中逐步得到应用。这些变革的背后是技术创新的支撑，也是企业领先竞争对手的关键所在。

作为中国智能电动汽车三巨头之一的蔚来以独特的差异化竞争策略独树一帜。与竞争对手相比，蔚来的差异化优势主要体现在以下几个方面。

专利布局领先一步。蔚来的专利重点覆盖整车制造与设计、充换电与三电技术。蔚来在全球多个国家中建有研发中心，包括位于圣何塞的自动驾驶研发中心、位于慕尼黑的造型设计中心及位于牛津的全球极限与前瞻概念研发中心。截至 2021 年 4 月，蔚来共申请超 4000 项专利，专利数量超新势力造车企业第二名一倍有余，其中发明专利超 1500 项。专利侧重点主要在整车制造与设计领域，占 52%，充换电与三电技术占 28%。电动车中最重要的一个技术就是三电技术，在整车成本中，三电的成本占总成本的 65%，而在三电中最重要的就是电池，电池的成本占三电总成本的 35%。在研发经费方面，蔚来持续投入，2016 年研发经费 14.65 亿元，2017 年研发经费 26.03 亿元，2018 年研发经费 39.98 亿元，2019 年研发经费 44.29 亿元。

高端定位注重用户体验。蔚来品牌定位为高端纯电，致力于为用户带来极致体验。市面上其他品牌的电动汽车平均售价在 25 万元左右，而蔚来电动汽车的平均售价为 40 万元。蔚来应用了全球首个车载人工智能系统 NOMI，其交互窗口拥有上下 30 度、左右各 50 度的摆幅。通过用户画像，蔚来打造了高端线下社区，为用户提供了社交生活空间，蔚来拥有 267 个线下门店，这些线下门店主要集中在沿海地区，且均位于核心商圈，其中 NIO Space 主要用作汽车展示、销售及为客户提供服务，而 NIO House 除展示汽车外，还拥有剧场、会议室、知识博物馆、休息区、儿童乐园等区域，主要用于客户及其朋友聚会。特斯拉把自己定位为一家纯粹的车企，卖的是硬件加软件，追求的是更多的销量和市场份额，而不是和消费者之间产生更多的连接；而蔚来恰恰相反，它打造了一种"高端社区"的生活方式，追求的是和用户产生更多的互动，所以这决定了 NIO House 必须拥有更多的功能。相比小鹏和理想，蔚来的线下门店数量更多，覆盖的城市更多。NIO House 如图 3-1 所示。

图 3-1

将互联网思维植入用户关系。蔚来的 NIO App 与传统车企的功能性 App 不同，它更像是一个 UGC 社区，集"朋友圈"、车友会和论坛等功能为一体。截至 2021 年，NIO App 注册用户数量超过 120 万，日活跃用户超 12 万人。蔚来会举办各种各样的活动，并通过各种方式增加用户的黏性。例如，一年一度的 NIO Day 采取如奥运会一样的申办模式，由各城市的车友会牵头申办。蔚来创造了以用户为中心的补能模式，除常规的充电桩、换电站外，蔚来独创了充电车及一键加电模式。充电车就像是一个大型移动充电宝，而一键加电模式则是由服务专员上门取车并在加电后将车送还用户。

知识卡片

1. 企业很难找到空白市场进行创业，所以在推出产品和服务之前，还要搜集一些与竞争对手相关的信息。你可以把自己的产品和市场上做得不错的同类产品仔细进行比较，看看自己的竞争优势在哪里。

2. 创业者不但要找到自家产品的竞争优势，还要将其表现出来让用户感觉到。

2. 测试用户体验是找出产品优势的有效方法

一般来说，创业者不能采取"由内而外"思考问题的方法（由创业者自身的想法推导客户的想法），这样做的危险是，创业者往往产生"用户也是这样认为"的观点，从而导致产品设计偏离大众需求。大公司也会犯这样的错误。西门子公司在 2002 年开发了一个 Xelibri 品牌的手机（如图 3-2）。营销人员和研发人员都做出了错误的判断，他们认为手机的发展方向是"附有通讯功能的装饰品"，今天事实证明，手机是一个"附有通讯功能的多媒体游戏机"。西门子公司为此损失了 10 亿欧元。

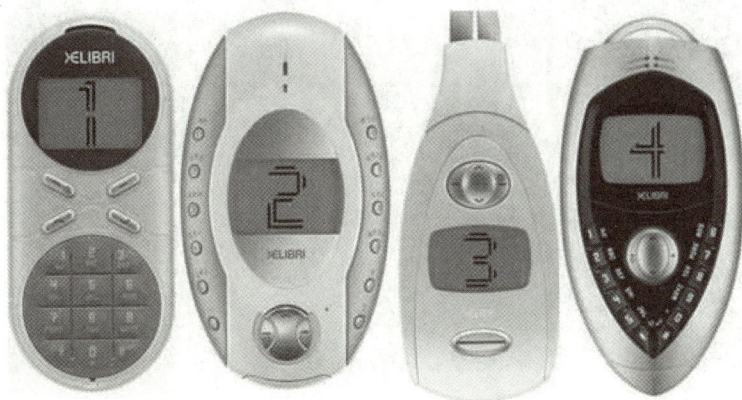

图 3-2

史玉柱总结这么多年的创业经验时说，产品在进行局部市场测试时快不得，在进行全国市场推广时慢不得。局部测试是为了找出产品的不足，不断对产品进行完善，形成明显优势。有些产品，如娃哈哈的非常可乐，产品研发出来的时候，就在北京王府井商业街做盲测。两个一样的瓶子，一个装着可口可乐，一个装着非常可乐，瓶子上都没有贴商标，表面上分不出来。调研人员拿着两瓶可乐请路人试饮，这样就可以了解到相对竞品，自家产品底有没有优势，自家产品的优势是什么……

现在创业项目寻找投资，一般投资人都希望创业者可以提供闭环数据，做一个商业闭环，也就是一个局部的市场测试，看看创业者的产品或服务是否解决了客户的问题或满足了客户的需求，是否有足够的客户关注这些问题或需求……

很多公司即便很早就成功地经营起来了，但他还是会持续地测试其产品的用户体验。因为用户的需求是不断变化的。现有竞品或新品的推出，都会影响产品的用户体验。星巴克在中国受到年轻群体的欢迎，因而其在中国的营业额持续增长（如图 3-3）。"您去星巴克最大的因素是？你不去星巴克最大的因素是？您觉得星巴克需要改进的地方有哪些？在您看来星巴克代表什么……"在星巴克门店中有专门的用户体验调查问卷用以了解用户的需求变动。因此，创业源于满足用户的需求，提升用户体验，创业的起点和终点都是用户。

图 3-3

知识卡片

1. 在做产品测试前要回答前三个重要问题：自家的产品或服务是否解决了客户的问题或需求？是否有足够的客户关注这些问题或需求？相对竞争对手而言，我们是否提升了用户体验？

2. 很多公司即便很早就成功地经营起来，但它们还是会持续地测试产品的用户体验。因为客户的需求是不断变动的。现有竞品或新品的推出，都会影响客户体验。

四、 商业模式与商业计划

1. 为什么要有商业模式，商业模式是什么

前面说过，估值超过 10 亿美元的初创企业被称为独角兽。独角兽通常有三个特征，除了它的业务处于"风口"和使用了互联网技术，最重要的就是其"商业模式可扩充性强"。有了好的产品或服务，接下来就需要确定一个合适的商业模式。一个合适的商业模式可能是我们相对竞争对手而言，最大的优势所在。成功的创业者常常在这个问题上有共同的观点：创业者光有激情和创意是不够的，初创公司的成功基于好的体系、制度、

团队，以及好的盈利模式。有一些看似很好的项目，却不一定能够盈利。一是商业模式有问题，二是行动计划没有被执行好。策略管理顾问 GaryHame 指出："现今世界所谓的竞争并非指不同产品之间的竞争，而是不同商业模式的竞争"。合适的商业模式可以助力企业的发展。

如今的市场环境要求企业创新商业模式和经营策略，以实现企业的良性发展。否则即使我们明确了市场需求、确定了成长路径，也会因速度太慢，被别人占据了市场，而最终丧失了先机。今天不断变化的市场环境给初创企业带来压力的同时，也带来了机会，而商业模式的创新就是初创企业寻找新机会的突破口。商业模式基本上可以被理解为企业运营的逻辑，价值如何产生，利润从哪里来。通俗一点说，商业模式就是一个企业如何经营并盈利的方法和手段。

知识卡片

1. 一个合适的商业模式可能是我们相对竞争对手而言，最大的优势所在。

2. 商业模式基本上可以被理解为企业运营的逻辑，价值如何产生，利润从哪里来。通俗一点说，商业模式就是一个企业如何经营并盈利的方法和手段。

2. 几种传统的商业模式

最古老也是最基本的商业模式就是"店铺模式"，也就是在具有潜在消费者群体的地点开设店铺，展示并销售产品，或者开设工厂，生产并销售产品。干洗服务业算是一个地地道道的传统行业，如果创业者创办一间干洗店，并按照传统的模式进行经营，干洗店只能慢慢做大。然而，现实的市场环境已不允许创业者将店铺慢慢做大，速度太慢，终将失去占领市场的机会。恰当的经营策略可以改变店铺的成长速度。成都的蓝叶洗衣采用连锁经营的策略，迅速地占领了市场。北京的荣昌洗衣在进行连锁经营的同时，又引入了品牌特许经营的商业模式，引入知名的"伊尔萨"品牌并运用互联网思维，推出互联网洗衣产品"荣昌 e 袋洗",并不断优化业务流程、管理体系及信息化平台,实现了传统服务业 O2O 模式再造。北京荣昌洗衣作为 2008 年北京奥运会唯一指定洗衣服务提供商,获得了奥组委和北京市政府的表彰,增强了其品牌影响力。

在传统的商业模式中,通过"会员制"锁定自己的目标客户,并与其形成更为紧密的关系是比较普遍的做法之一。近些年,无论是永辉、家乐福,还是 2019 年入局的 Costco,2020 年推出 X 会员店的盒马,抑或是重拾会员制的麦德龙,商超行业的会员店争夺大战如火如荼。作为首批推行付费会员制的零售企业,山姆会员店(如图 4-1)无疑是一个很特别的存在。山姆花了二十几年培养市场,不断向消费者解释付费会员制是什么,有什么好处及差异化的产品与服务是怎样的。山姆会员店只服务于付费会员,因此必须围绕客户价值,找到更优的成本结构,紧盯关键资源并在垂直领域进行深挖。山姆会员店的目标客户是一、二线城市的中产家庭,其目标客户追求的是更加精致的生活,所以向目标客户提供差异化且有保障的商品和服务、有竞争力的价格是山姆会员店的服务目标。在山姆会员店中,我们经常会发现隔一段时间就会出现几种让客户重复购买的"英雄单品",而能够在山姆会员店中出售的商品几乎都是经过几百上千轮筛选和市场检验后的差异化商品,这是因为山姆特别注重选品是否与客户的心理和需求相契合。与传统零售商赚差价的盈利方式不同,山姆会员店的会员年费是其核心的收入来源,再加上自有品牌建设及减少采买中间环节形成的巨大成本优势,山姆会员店在传统的会员店模式中不断探索着新的发展方向,构筑自身的特色"护城河"。

图 4-1

　　店铺模式的另外一种形式是"前店后厂"模式，这是一种集设计、生产和销售于一体的实体型经营模式。在服装行业中，20 世纪 90 年代的民营或集体所有制的小服装厂大多采用这种经营模式。

　　美特斯邦威利用独特的商业模式实现了自身的快速成长，成为国内服装行业一线品牌。美特斯邦威的创始人周成建没有采用传统服装企业中设计、原材料采购、生产、销售的模式，而是在各个环节都创新了自己的模式，他把有限的资源用于产品设计和品牌的打造，然后将需要占用大量资金的生产环节外包给其他服装公司。如今在广东、上海、江苏等地有 200 多家服装生产厂为美特斯邦威定牌生产服装；另外一个需要大量资金的环节是建立专卖店这一销售渠道，周成建则采用特许经营的形式，用加盟者的资金迅速开设了 1600 多家专卖店。周成建把有限的资源用于产品研发和品牌建设，再用这两项决定性的资源整合生产和销售，使其企业 2011 年的销售额突破了 99 亿元，美特斯邦威把制造业的橄榄型商业模式变成了哑铃型商业模式。

　　大部分服装企业的运营管理业务都表现为直营模式或加盟模式，消费者很难从终端销售形式上区分服装企业到底选择的是直营模式还是加盟模式，这两种模式的运营逻辑也完全不同。在直营模式下，企业需要把产品卖给最终消费者；而在加盟模式中，加盟商才是客户，企业把产品卖给加盟商就算完成了销售，有些企业甚至连售后都外包给加盟商完成。在加盟模式下，企业可以快速地把产品推向全国市场，最大限度地利用有限的资金实现市场份额的高速增长。当然加盟模式也存在不少问题，如企业的相关人员不直接接触最终消费者，对消费者需求的响应速度过慢；加盟商的能力及水平参差不齐，容易导致渠道库存积压，频繁打折又损害品牌形象，导致客户流失等。于是渐渐产生出以"海澜之家"为代表的"类直营"模式，在这种模式下，企业试图在保留直营模式的优点的同时，解决资产过重和市场份额增长缓慢的问题。"类直营"模式就是加盟商成为"甩手掌柜"，只负责出钱（保证金、店面租金、装修费用），店铺完全交给海澜之家以直营的方式负责经营。在这种模式下，加盟商不需要有店铺经营经验，不承担滞销库存；企业也能保证对店铺和货品的控制。"类直营"模式在本质上还是加盟模式的变形，事实上，现在很少有大型企业完全采用直营模式，企业更多的是考虑如何用较"轻"的运营模式控制各个渠道。至此，整个服装产业链，上游砍掉了，下游变轻了，哑铃型商业模式越来越成熟。

罗西尼堪称是中国腕表第一品牌，年销售额超过十亿元。除了传统的专柜销售渠道，罗西尼又在其珠海总部钟表产业基地，建成了钟表文化工业旅游景区，该景区现已是国家 4A 级旅游景区。每天都有多个旅游团参观罗西尼钟表的生产过程和钟表博物馆。游客们通过参观生产车间，目睹了钟表的制造过程，增加了对罗西尼腕表品质的认可度。通过参观钟表博物馆的古代计时仪器展览区、近现代钟表展览区、钟表科普展览区、多媒体互动体验区等，让游客加深了对钟表文化的认知。游客对品质的认同、对钟表文化的体验，最终转化成购买的欲望。在参观路线的最后设置的销售区中，一些游客就转化为用户了。罗西尼每年通过工业旅游模式直接达成的销售额就有几千万元。工业旅游起源于欧洲，它将现代化工业的工厂风貌、工业品的生产过程转化为旅游资源，通常兼具科普和教育的作用。与罗西尼一样，通过这种方式取得成功的企业还有很多，汤臣倍健的"透明工厂"也是这种模式的典型代表。通过参观工厂、目睹保健品的生产过程，客户可以增长见识，还可以在朋友圈打卡，告诉大家："呐，这罐蛋白粉是我看着生产的！"。作为广东省营养健康科普教育基地、中小学生课外基地、高校实践基地，汤臣倍健以透明工厂为核心，推出了以"食品研学"为主题的学生学习体验活动，大中小学的学生甚至幼儿园的小朋友都对这个体验活动产生了浓厚的兴趣。汤臣倍健还在园区内打造了 14个规模不同的会议场所，可容纳 800 人的环球厅，在这些场所中成功举办过 120 多次大型会议。

传统的商业模式还有一些，在真正启动创业项目之前，创业者是需要学习和深入琢磨的。除此之外，创业者还需要关注的是互联技术应用，它不但创新了产品的交易结构，还在改变着产品的设计和生产。

知识卡片

1. 连锁经营和特许经营都是非常成功的传统商业模式。这两种商业模式的关键，都在于是否做到了产品标准化、服务标准化、作业流程标准化、形象识别标准化。

2. 哑铃型企业、工业旅游都是传统商业模式中的创新，这些创新增强了企业整合资源的能力、营销沟通的能力，都体现了一些跨界、协作、共享的思维。

3. 互联网思维下的商业模式

互联网技术的应用，在越来越多的领域中改变了原有的交易结构，并在最近几年开始倒逼产品设计和制造环节的创新。自以电力的发明和应用为标志的第二次工业革命以来，人类社会的商业形态从没有像今天这样，被快速而具有颠覆性地改变着。这大概是由于互联网技术的应用，使人们逐渐形成了一种不同于工业社会的商业思维，很多毫无商业经验的年轻创业者，在这种思维下不断创造出新的商业模式，撼动着传统的"守成者"。这就是"互联网思维"（如图 4-2）。

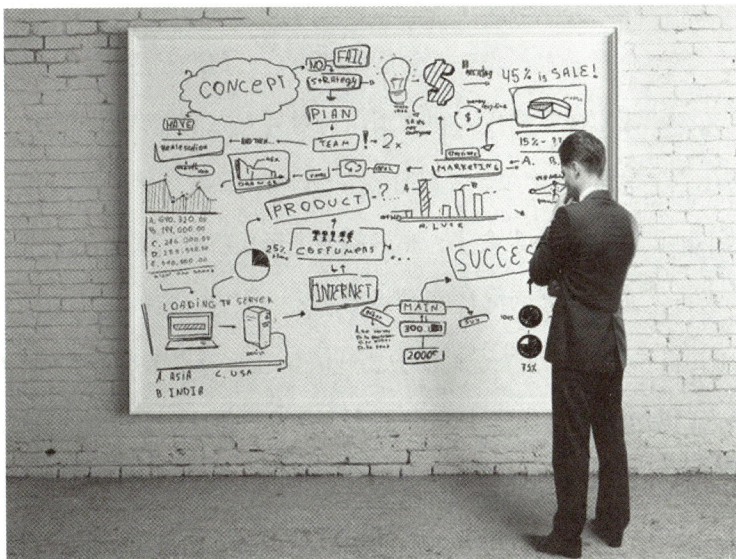

图 4-2

百度团队负责人李彦宏首次提到"互联网思维"这个词。他说，企业家今后要拥有互联网思维，可能我们做的事情与互联网无关，但我们要学会从互联网的角度想问题。这种观念已经逐步被越来越多的企业家认可了。互联网思维是一种商业民主化、用户至上的思维。《互联网思维"独孤九剑"》总结了商业实战中互联思维的九个具体表现：用户思维；简约思维；极致思维；迭代思维；流量思维；社会化思维；大数据思维；平台思维；跨界思维。

北京理工大学的学生创业项目"宠物之家"，在创业大赛中获得了不少奖项。给宠物做一个小房子，在里面安装自动添加食物的设备、摄像头、小屏幕等，通过手机和移动互联网，主人不在家时也可以了解一下宠物的情况。对养宠物的人来说，这听起来是一个不错的宠物窝，但又有多少人真的愿意支付"很多"钱，购买这个"宠物之家"呢？"宠物之家"创业团队运用了跨界思维，宠物主只需要下载"宠物之家"App，即可以成本价获得"等宠物之家"。等 App 积累了大量的用户，就可以通过宠物用品广告、宠物用品销售、宠物医院广告、宠物销售等获取利润。这是一个典型的"互联网思维"下的商业模式。

利用互联网思维打造独特商业模式的代表还有小米（如图 4-3）。小米采取的也是轻资产运营模式，自己负责研发、设计、售后服务等，而将产品生产、物流配送外包。将部分环节外包减少了固定成本的投入和摊销。在对外发布的运营模式图中，小米试图将其商业模式简化为"软件+硬件+互联网服务"。小米试图在一个大的安卓生态系统中构建一个由小米手机、MIUI、小米盒子、小米商城、云服务和开发者组成的生态圈。在这个系统中，小米首先通过建立网络社区，并在社区中积累一定的忠实粉丝，然后进行小规模内测。MIUI 操作系统是这个过程的典型代表，在拥有众多发烧友的 ROM 论坛中，利用优质产品（MIUI ROM）和高质量的内容（产品、技术讨论）吸引优质用户（有影响力的"意见领袖"），MIUI 的相关人员，通过各种方式联系论坛中的活跃用户，宣传其新制作的 ROM，经过一番努力，相关人员最终联系到了 100 位论坛中的活跃用户作为首批 MIUI ROM 的体验者，这也是小米"100 个梦想的赞助商"的由来。由于产品体验良好，问题反馈及时，工程师随时在线答疑解惑，bug 及时修复，MIUI 逐渐在发烧友中积累了良好的口碑，通过用户的口口相传，MIUI 用户越来越多。到小米手机发布时，MIUI 已经积累了 30 万个用户。目前 MIUI 已经拥有 2000 多万个发烧级用户。有了一定的用户基础和良好的口碑，有助于提高小米手机的销量，推动小米软件业务的发展，扩大小米的服务体系。良好的服务体系又反过来提升产品的口碑，增强用户的黏性。小米手机上搭载的 MIUI 系统区别于大家已经看习惯了的安卓系统，给客户带来不一样的用户体验。2021 年 3 月，小米发布了新 logo 并全面升级了品牌标识系统，升级后的标识系统融入了东方哲学，体现出"Alive"——生命感设计理念，新 logo 中超圆角的设计也被看作小米回归到 N（N 指小米生态系统的"裂变效应"所产生的各种可能性）的初心：与用户做朋友。

图 4-3

互联网技术的发展，使信息交流越来越便捷，同领域中的人或拥有相同兴趣的人更容易聚在一起，形成社群。同时，互联网将分散需求聚拢在一个平台上，形成新的共同需求，拥有新的共同需求的人形成了规模，就有了重聚的价值。在互联网思维下，"工具+社群+电商/微商"的模式发展迅猛。例如，微信最开始就是一个社交工具，微信利用其社交功能和有价值的内容聚集了海量的目标用户，增加了朋友圈点赞与评论等社交功能，继而添加了微信支付、精选商品、电影票、手机话费充值等商业功能。互联网技术为什么能够如此迅速地颠覆传统行业原来采取的商业模式呢？互联网技术在应对当今行业分工更加细化、业务模块更加繁杂的商业运营管理系统中具有独特的信息整合与自动化处理优势，而这种优势恰恰能够弥补传统运营过程中无序和低效的弊端。这种颠覆是对传统运营过程各核心要素的再调配，也是对原有生产关系的重构，并以此来提升企业运营系统的整体效率。互联网企业通过减少中间环节，减少所有渠道中不必要的损耗，减少产品从生产到送达用户手中所需要经历的环节以提高效率，降低成本。因此，对于互联网企业来说，只要抓住传统行业价值链中的低效或高利润的环节，利用互联网工具和互联网思维，重新构建商业价值链就有机会获得成功。

知识卡片

1．互联网思维改变了原有的交易结构、产品设计与制造。互联网思维是一种商业民主化、用户至上的思维。

2．互联网思维在商业实战中的九个具体表现：用户思维；简约思维；极致思维；迭代思维；流量思维；社会化思维；大数据思维；平台思维；跨界思维。

4．商业计划容易被忽略两点内容

在想寻求合作、获得投资的过程中，投资人会看我们的商业计划，也就是我们计划如何创建和经营公司。我们的创业团队是如何构成的？我们的目标客户是谁？我们打算卖什么？我们准备采用何种商业模式来开展业务？达到收支平衡要花多长时间？

需要提醒是，创业者要尽量地量化商业计划里的每一个任务，低效能公司的最大毛病就是什么东西都不量化。如果你开了一间茶餐厅，总是要求员工做好每一件事，外卖要及时送到，顾客来了要及时提供点菜服务等，但是这类没有被量化的要求其实非常空洞，员工也不知道"及时"具体是指多长时间。当我们打电话到必胜客订比萨，比萨送到指定地点每次都很准时，原因是必胜客对外卖配送时间有严格的要求。许多成功的餐饮企业都在不断打磨每一个细节，并使之量化。

近两年的投资机构对于新茶饮格外青睐，喜茶创始人聂云宸是我校 2010 年的一名毕业生。目前，喜茶已在全球 49 个城市拥有超过 500 家门店，估值超过 160 亿元。聂云宸对茶底的要求非常高，不惜花费巨资兴建自己的茶园，花数年时间进行土壤改良，与研究机构合作培育新的茶树。他说："我只在意最大的事和最小的事，最大的事就是品牌战略，最小的事就是细节，小到文字表述的细节。"作为新零售品牌，喜茶非常擅于借助数据进行科学管理，提高效率。2021 年 9 月，喜茶建立了行业内首个专业级食品营养与科学研究中心，研究中心的感官品评室的相关人员根据市场调查数据对消费者的喜好进行研究，探索将传统的酸甜苦辣咸鲜的感官指标数据化，从而持续优化产品；研究中心的茶叶研究室、营养成分研究室等通过检测手段，实现了原料供应品质的量化定性，为产品研发过程中的营养搭配，以及口感和营养的平衡提供技术支撑。可以说，正是对每一个细节的极致追求和标准量化让喜茶成为新茶饮领域中的佼佼者。

图 4-4

新东方创始人俞敏洪在被问及怎样才能创业成功时说，好的产品、好的策划（推广产品的方案）加上好的团队，你就成功了。所以在你为创建公司做商业计划时，需要思考这三个关键的问题。我们拜访的一位创业者（以下使用第一人称"我"），讲述了他大学毕业之初的一段职场经历。

大学毕业后不久，我到一家公司做保龄球馆经理。我的直属领导是一个完美主义者，他要求我们为用户提供五星级的服务。同时他又是一个十分肯放权的人，"保龄球馆交给你了"，直属领导的这句话增强了我的使命感，我感到肩上的责任更重了。于是我制定了服务流程和每天的日常工作计划。在很多人的眼里，保龄球馆算是井井有条，干净整洁。有一天直属领导来打球，临走的时候告诉我，要好好打扫卫生。我知道一定是哪里不够干净被他发现了。他很少直接告诉我问题出在哪里，如何解决它等。我们找了很久终于发现，我们每天只擦洗了保龄球体，而忽略了清洗球孔。我理解直属领导这样做的意义，他是在有意培养一个团队。我也学着他的方式，发现了问题不轻易将问题出在哪里直接告诉下属，而是让他们自己去发现问题、解决问题。

在2015"全国大众创业万众创新活动周"上受到李克强总理接见的留学回国创业者崔岩和他的合伙人是在一场技术沙龙中相识的。他们把三维数字化重建及数字化虚拟展示技术应用于数字化博物馆项目中，成立了珠海四维时代网络科技有限公司，获得了政府高达200万元的资助。谈到创业团队时，崔岩认为，团队成员间要进行良好的沟通，在确保每个团队成员的话语权的基础上，还要保障负责人的独立决策权。与责权利相关的内容，最好形成书面文件。定位明确，知根知底，状态可控和灵活变化是创业团队成员间的相处之道。由于创业团队及核心管理团队能力出众，2017年6月，在中德两国总理的见证下，珠海四维时代网络科技有限公司与德国人工智能研究中心正式签订合作协议，共同建设中德人工智能研究院。

团队不同于群体，团队成员必须从团队整体出发进行思考、既能够自主行动，又乐于彼此合作。我们常常看到一些好的创业项目，由于合作伙伴之间产生冲突或彼此不团结而失败。所以团队必须成为我们商业计划中的重要内容，没有好的团队意味着商业计划不能被贯彻执行，也就意味着创业项目可能会出问题。有了好的项目，好的计划，再由好的团队坚定地执行，创业项目就会成功！

知识卡片

1. 创建公司的计划所涉及的关键内容是：你的客户是谁？你打算卖什么？你的创业团队是如何构成的？你准备采用何种商业模式来开展你的业务？取得收支平衡要花多长时间，等等。

2. 尽量地量化计划里的每一个任务，这样不但目标明确，而且也容易衡量结果。低效能公司的最大毛病就是什么都不量化。

3. 团队的组建是创建公司计划中的重要内容，没有好的团队意味着好的计划不能得到好的执行，也就意味着结果会出问题。因此，组建与建设团队是创业者的一项重要的工作。

五、 汇集创业资源

1. 创业资源及其分类

全球创业学之父百森商学院杰弗里·第莫斯教授说，好的商业机会有四个特征：第一，它能吸引用户，也就是有较大的市场需求；第二，它在现实的商业环境中能够变为现实；第三，它必须在机会之窗关闭之前被实施；第四，你必须有必要的资源和能力把机会变成现实。第四点很重要，很多创业者的创业行为经常因为资源枯竭而不是任何其他原因而被迫终止。

获取外部资源是初创企业生存和成长的基础。创业资源可分为战略性资源和运营资源两大类。知识资源是初创企业最为重要的战略性资源，这包括显性知识资源和隐性知识资源，其中显性知识资源包括初创企业拥有的行业知识、技术知识、产品知识和管理知识；隐性知识资源包括初创企业拥有的新产品研发、生产、营销及相关人员拥有的管理经验与技能。运营资源则包括技术资源、资金资源、物质资源、人力资源和市场资源（如订单、渠道）等。

关于创业资源分类的描述有多个版本，总的来说，创业资源就是创业项目启动和运营所必需的资源。这些资源主要涵盖人才、资本、技术和管理四个方面，当然人才的价值还是体现在技术和管理方面。所以创业者在扩充创业团队时，就要做一些细分，如懂产品研发的人才、懂品牌运营的人才等，创业项目越大、越复杂，就越是需要进行人才细分。

知识卡片

1. 关于创业资源分类的描述有多个版本，总的来说，创业资源就是创业项目启动和运营所必需的资源，可以分为战略性资源和运营资源。

2. 知识资源的获取和有效利用非常重要，它对运营资源的获取和利用起到关键作用。

2. 创业团队如何发挥知识资源的作用

初创企业难以谋求生存，但在现实中仍有一些初创企业在短期内快速成长并在市场上站稳脚跟。有如此大的差异常常是由于创业团队的过往经验不同，创业团队的过往经验还会对新创企业随后的业绩产生持续影响。具有不同类型经验的创业团队，看问题的角度也会不同，更容易产生创造性的想法。创业团队成员在与新业务相关的行业内获得的产品技术、用户需求等，以及管理职能方面的经验（如团队管理经验、市场营销经验、财务管理经验、生产管理经验和技术管理经验），对新创企业的产品创新和商业模式创新都很有帮助。

我们需要注意这样一种情况：拥有同样的过往经验的创业团队，其创业结果也常常不同。就像大学同学一样，毕业时大家的知识水平基本差不多，但是过个三年五年，大家的发展状况就完全不同了。创业团队要把过往的知识经验转化为实际的创业成果并非易事。一个关键就在于创业团队需要通过有效的创业学习（如图 5-1），形成与创业情景相匹配的知识并加以应用。

图 5-1

随着创业活动越来越依赖于团队，而非个体创业者完成，突破个体视角，从团队层面考察过往的知识经验的重要性随之凸现。如何将团队过往的知识经验整合利用，就变得比将团队成员个体知识经验的利用率最大化更为重要。创业学习在知识经验优势向产品或商业模式创新转化的过程中，起到关键作用。

然而，由于思维惯性的限制，许多创业者及团队成员都习惯从过往的经验中寻找解决问题的办法。这就容易使经验学习成为创业团队的主要学习方式，在缺乏整合能力的创业团队成立初期，这是极为不利的。因为它会使创业团队成员基于自身经验提出的不同创新观点发生冲突且无法有效调和。

因此，在创业团队成立初期，团队成员应该把知识学习作为首要的创业学习方式，目的是当团队成员在基于自身经验提出观点的时候，也能更容易地理解和理性分析团队的其他成员的不同观点和行为，从而利于不同知识经验的分享和整合，避免团队成员基于经验学习容易产生的坚持己见而非着眼于问题解决的困境。

知识卡片

1. 创业团队要把过往的知识经验转化为实际的创业成果的关键，就在于创业团队需要通过有效的创业学习，形成与创业情景相匹配的知识并加以应用。

2. 在创业团队成立初期，创业团队的成员应该把认识学习而非经验学习作为首要的创业学习方式，这样利于不同知识经验的分享和整合。

3. 汇集创业资源，积累社会资本

对创业资源略有了初步认知后，汇集外部资源就成了下一个任务。理论和实践领域均普遍关注一个对于汇集创业资源十分重要的概念：社会资本。什么是社会资本？它对于创业项目的作用有多大？如何才能最大限度地积累社会资本呢？

从微观层面来说，大多数创业资源都是从合作性的人际关系中获取的，这种合作性的人际关系就是社会资本。

一位创业者（以下使用第一人称"我"）和我们讲述了他的故事。我曾经数次与别的公司的相关人员商讨合作协议的细节，开始总是不太顺利，后来我发现我和我的同事总是习惯于站在自己公司的立场上思考问题，通过与对方的合作，我们公司能得到什么？我们的预期目标实现了吗？我要让这个协议看起来很漂亮，我要让我的总经理看到我为公司做了一件漂亮的事。在这样的思维驱动下，谈判结果可想而知。所以我想提醒准备创业的人，如果想获取外部的资源，你现在就要做些改变和准备。

后来与人合作，我想的第一件事是在这样的合作条款中，对方得到了什么？如果你让对方有了合作共赢的感觉，他会再次找你合作。在广泛结交朋友的时候，充分考虑到对方的利益，建立以信任为基础的人际关系，就是在积累社会资本。

相关调查显示，三四十岁的人更容易得到投资。为什么，原因是年龄稍长，有更多创业经历的创业者更值得投资人信任。那么，作为20多岁刚刚创业的大学毕业生，怎样

能得到别人的信任呢？我们可以先做一些人生积累。在哪个企业工作过，曾经做过哪些创业项目，都是很好的积累，在这个积累的过程中注意建立人际关系、拓展人脉，这很重要。

积累人脉资源的服务网站"人和网"提出"人际关系就是第一生产力"的口号，其致力于打造专业人士的人际关系网络，在这个网络平台上，朋友之间能够共享更多的发展机遇和资源，会员可以更好地管理自己的人脉资源。互联网工具提升了我们积累社会资本的效率。

从行为习惯方面来说，在积累社会资本的过程中，我们先要树立共赢的价值观。多数的资源是从合作性的人际关系中获取的。利己利人的思维模式则利于我们建立合作性的人际关系。

史蒂芬·柯维在他的经典著作《高效能认识的七个习惯》中描写了如下五种人际关系的思维模式（如图 5-2）。对于合作性的人际关系的建立，利己利人的观点最值得推崇。史蒂芬·柯维认为，利己利人行为的产生有两个重要的环节，一是拥有利己利人的品格或价值观。我们有必要培养自己的"真诚正直"，你要使自己变得"成熟"，有勇气表达自己的情感和信念，体谅他人的感受和想法；在有勇气追求利润的同时，也顾及他人的利益。

图 5-2

利己利人行为的产生的第二个环节是，我们在具备上述品格的前提下建立双赢的人际关系。以互信互赖为基础，双方会更加专注于解决问题，而非将时间和精力浪费在猜忌和设防上。腾讯云把利人利己的思维融入与客户的关系中，"帮助客户成功，同时成就自己"的战略让腾讯云拥有了众多深度合作客户。最开始腾讯云只是开放了平台给一些合作伙伴，开始小范围地为外部企业客户开展服务，后来逐渐开发了商业化市场，为全社会全行业开放服务，腾讯云从开放之初就以高标准服务客户，在对接服务的过程中与客户一起解决各种疑难问题，人民日报、小红书、永辉超市、同程旅游、广发证券等很多知名的企业都是腾讯云的客户。

知识卡片

1. 多数的资源是从合作性的人际关系中获得的，这种合作性的人际关系就是社会资本。

2. 大学生在实习期间就要积累社会资本，即以信任为基础的人际关系，它常常在你需要创业资源的时候产生作用。

3. 建立社会资本，意味着你得树立共赢的价值观。利己利人的思维可以促使双方互相学习、互相影响。你可以通过有效使用人和网、微信朋友圈等，提升自己积累社会资本的效率。

4. 通过市场手段获取创业资源

策略联盟。有位创业者曾经有一段销售祛痘产品的创业经历，前面说到过这个故事。一位创业者当时在广州做一款祛痘产品的经销商，主要的销售渠道是连锁药店。广州市场的促销费用高于预期，所以该创业者的资金缺口很大。为了寻找有效的促销方法，该创业者常去做市场调查。

当时广州有一个索芙特，它的产品品类很多，有洁面产品、护肤产品、防脱发产品、减肥产品等。每当新品上市都会伴随大规模的广告和促销活动。有一天该创业者在做市场调查的时候刚好遇到索芙特的相关人员正在为新产品做促销活动，赠品是一小块索芙特香皂。当时创业者想：我们的产品还没有名气，我们也在做赠品促销，如果能用索芙特香皂当赠品，会对我们的产品销售有帮助。

因为索芙特是知名品牌，用索芙特香皂当赠品会提升产品在消费者心目中的形象。接下来的问题是索芙特会出售这种香皂给创业团队吗？它的成本会不会比现在赠送的化妆镜还高？在创业者与索芙特的一位经理通过电话后，上述两个担心都消失了，创业者获得了索芙特香皂，并且其成本远远低于现有赠品的成本。

动用少量的内部资源，借助外部资源的例子很多。李宁和奥委会相互借力，拓展中国市场；中国移动和麦当劳相互借力，搞促销活动……这些都可以看作一种"策略联盟"。企业通过策略联盟，共享资源、提升竞争力并扩展自身的业务。尽管维持这种资源共享的联盟并不容易，但形成联盟是创业企业在面对困境时的有效策略。因此初创企业如果想借助外部力量发展壮大，可以考虑这种方式。

天使投资与风险投资。在获取资金方面，天使投资与风险投资都是初创企业可以考虑的选择。天使投资重点关注两类项目。一类是由两名以上创始人启动的项目，产品或服务尚处于创意阶段，这类产品或服务正处于研发阶段或刚刚推向市场，缺乏有效的市场数据支撑，一般是学生团队主导的创业项目，投资额一般介于 20 万～100 万元。针对这类项目的投资也被称为种子投资。第二类是拥有一定用户规模的项目，产品或服务价值已经得到用户的初步认可。这类项目一般是由富有经验的创业者发起的项目，其拥有创新技术和优秀的创业团队，投资额一般介于 100 万～500 万元。由于投资回报未来可期，因此往往受到投资人的格外重视。

风险投资人在进行风险投资时则偏好于产品优秀、团队靠谱，且有良好的增长数据，或有成功经验的连续创业者的创业项目和名企高管的创业项目。风险投资人一般也对被投资企业在各发展阶段的融资需求予以满足。如今，创业环境已经非常好了，政府大力鼓励创业、支持创业。你如果有好的创业想法、好的创业项目，可以通过互联网寻找投资平台，然后把你的商业计划书上传，或者参加各类创业大赛，就会有很多与投资人接触的机会。

众筹与众包。基本众筹模式有股权众筹、奖励众筹、捐赠众筹。股权众筹，投资者对项目或公司进行投资，获得一定比例的股权。奖励众筹，投资者对项目进行投资，然后获得项目发起人提供的商品或相关服务。捐赠众筹，投资者对项目进行无偿捐赠，多用于公益众筹。

"90 后"创业者通过各类众筹平台（如众投平台投付宝、众筹网、大家投等）获得投资、建立渠道、销售产品，已是常见的事。创业者在这些互联网平台上，能够获得有关众筹流程、众筹成功案例等方面的丰富资讯。

众包是创业者获取资源的另一种方式。创业者和已经创办成功的企业，都可以利用互联网将工作分配出去，以发现创意或解决技术方面存在的问题。在创业启动初期，当我们需要某种创意、某种技术、某种人才的时候，不用花费固定的人工成本而是通过众包平台，用较低的成本，就可能获得这些资源。猪八戒网是小有名气的服务众包平台，服务交易品类涵盖创意设计、网站建设、网络营销、文案策划、生活服务等多个领域。

知识卡片

1. 欲创业和寻求企业快速成长，策略联盟是一个值得考虑的借力方式，或者创业者用策略联盟的思维，建立一些合作，从而获得外部资源的支持，也就借助了外部资源。

2. 天使投资重点关注两类项目。一类由两名以上创始人启动的项目，产品或服务正处于创意阶段的项目；第二类是拥有一定用户，产品或服务的价值已得到初步验证的项目。风险投资人则偏好于产品优秀、团队靠谱，且有良好的增长数据，或有成功经验的连续创业者和名企高管所启动的创业项目。

3. 创业者通过各类众筹平台（如众投平台投付宝、众筹网、大家投等）获得投资、建立渠道、销售产品；通过众包平台（如猪八戒网、一品威客）将工作分配出去，发现创意或解决技术方面存在的问题。

5. 用好政府扶持政策

在"大众创业、万众创新"新时代，从国家到地方密集出台扶持创业的政策。特别是针对大学生创业群体，各地都有具体的帮扶政策。帮扶政策可以概括为两个方面，一是旨在提高创业者的创业能力，这包括创业培训、创业实训和创业见习。大学生可以到创业实训基地进行创业实践；发放创业导师工作补贴，以支持建立系统的创业辅导体制机制。二是旨在提供创业资源，这包括创业资助，一般来说，创业者取得经营执照满 6 个月，即可获得一次性补贴；优秀项目免费入驻大学生创业孵化基地，没有入驻孵化基地的初创企业，也可以获得有条件的办公场地租金补贴；初创企业部分员工的社会保险补贴、创业带动就业补贴、人才租房补贴；创业失败后的社会保险补贴；创业贴息贷款等。其中入驻创业孵化基地通常是对创业者帮助最大的。除了提供免费的办公场地、办公设施，创业者还能在创业孵化基地得到系统的创业孵化服务，同时实现"抱团取暖"。

知识卡片

1. 针对大学生创业群体，各地都有具体的帮扶政策，这包括创业培训补贴、创业实训补贴、创业资助、办公场地租金补贴、社会保险补贴、创业贴息贷款、入驻创业孵化基地等。

2. 入驻创业孵化基地通常是对创业者帮助最大的，除了免费的办公场地、办公设施，创业者还能在创业孵化基地得到系统的创业孵化服务，同时实现"抱团取暖"。

六、 创业团队的组建

1. 优秀创业团队的特征

几年前，电影《中国合伙人》受到观众热议，该片讲述了三个年轻人从学生年代相遇、相识，共同创办英语培训学校，最终实现了"中国式创业梦想"的故事。剧本创作的背景就是新东方的创业故事。回顾新东方的创业史，我们会发现这个创业团队中的三个人的性格非常互补。徐小平充满激情，情绪外露。他的演讲自新东方创立起就总能激起人们的欢呼和掌声。王强则表现得十分冷静。他的阅读量惊人，经常思考些有深度的问题，是新东方的几位创始人中最不愿意接受"励志"教育的一位。相比之下，俞敏洪并不是那种令人惊艳的精神领袖。他生性温和、坚韧、谨慎。

新东方创始团队的成员性格互补，腾讯创始团队的成员则是技能互补。马化腾与他的同学张志东"合资"注册了深圳腾讯计算机系统有限公司，之后又吸纳了三位股东：曾李青、许晨晔、陈一丹。为避免出现权力争夺的现象，马化腾在创立腾讯之初就和伙伴们进行了明确的约定：各展所长、各负其责。马化腾是 CEO（首席执行官），张志东是 CTO（首席技术官），曾李青是 COO（首席运营官），许晨晔是 CIO（首席信息官），陈一丹是 CAO（首席行政官）。

知识卡片

　　1. 优秀的创业团队中的成员往往具有互补的特征。创业团队中的成员各司其职，分工明确，不求全才，但求专业。

　　2. 理想的合伙人应成为创业者不同寻常的好友，既要目标一致，信念统一，还要能够互相提供精神上的支撑。

2. 组建创业团队的方法

根据分工的需要，同时结合成功的创业案例，我们会发现，创业团队刚组建的时候，最理想的人数是 3～5 个人。因为刚创业的时候，会碰到很多意料不到的问题，人太少了，团队的群体效应发挥不出来。人多了，思想不易统一。

也许有人会对此提出反对意见，阿里巴巴最初的创业团队不是有"十八罗汉"么？严格来说，这 18 个人只能算创业伙伴，不是技能互补的创业团队。因为马云曾经对他的创业伙伴说过，"你们目前只能当排长、连长，至于团长以上的职位，我另外找人。不过，以后你们也有当上军长的机会"。

怎样寻找创业团队中的成员呢？从熟人入手，显然方便快捷。前面提到的新东方和腾讯，其创业团队的成员都是同学，彼此知根知底。同样出名的还有携程网的"上海交大四人组"----梁建章、季琦、沈南鹏、范敏。季琦说："在我们四位创始人中，一位对国外的风险投资和资本市场非常熟悉；一位技术非常过硬，他编写过甲骨文数据库和 ERP 软件；一位已经有十多年的从业经验，回国后担任国内某著名旅行社的老总。而我自己呢，对在中国怎么做企业比较熟悉。"

老朋友，老同学，老同事，行业资深人士都是创业团队成员的上佳选择，但我们不推荐创业者将亲戚拉进自己的创业团队，原因有两个，一方面，容易出现创业合作之外的纠纷，另一方面，其他合伙人也会觉得亲疏有别。随着互联网技术的不断发展，各种创业服务平台、创业竞赛、创业沙龙活动等都可以成为寻找创业合伙人的渠道。

知识卡片

1. 创业团队刚组建的时候，最理想的人数是 3～5 个人。人太少了，团队的群体效应发挥不出来。人多了，思想不容易统一。

2. 老朋友，老同学，老同事，行业资深人士都是创业团队成员的上佳选择，但尽量不要让亲戚加入创业团队，原因有两个，一方面，容易出现事业之外的纠纷，另一方面，其他合伙人也会觉得亲疏有别。

3. 随着互联网技术的不断发展，各种创业服务平台、创业竞赛、创业沙龙活动等都可以成为寻找创业合伙人的渠道。

4. 定位明确，知根知底，状态可控和灵活变通是创业合伙人的相处之道。在创业团队中，在确保每个成员的话语权的基础上，还要保证创业团队负责人的独立决策权。关于责权利，最好形成书面文件。

MBTI 测评工具